天津师范大学学术著作出版基金资助出版
天津师范大学法学院学术著作出版基金资助出版
天津师范大学法学文库

行政决策参与问题研究

魏建新 著

法律出版社 LAW PRESS · CHINA

目　录

绪 论

一、国内外研究现状

(一)国外研究

行政决策理论是管理学理论在公共领域的延伸,是决策学与政治学的结合。行政决策作为政府管理中最主要的行为,在行政管理学上可谓得到了长足的理论研究和发展。20 世纪 30 年代,美国著名管理学家切斯特·巴纳德首先提出“决策”概念,美国著名行政学家赫伯特·西蒙把决策理论引入行政学研究,出版了作为决策理论学派的最重要的著作《行政行为——行政组织决策过程的研究》,提出了著名的有限理性理论。国外对行政决策的研究主要是从政治学和政策科学角度探讨政府在公共政策制定过程中确保政治的民主性和政策的科学性,比较早的研究还有以色列学者叶海卡·德罗尔的《公共政策制定检讨》和《政策制定探索》,随后研究者从统计学、数学及经济学中借鉴和发展出一些新工具,开始应用于政策制定。特别是美国当代著名的政治学家、经济学家和政策科学家查尔斯·林德布洛姆的代表作《决策过程》对政府决策提出了更加实效性的分析,他认为决策是一个渐进过程,政策上大起大落的变化是不可取的。另外,美国行政学教授约翰·克莱顿·托马斯的《公共决策中的公民参与》提出在决策过程中发展公民参与的策略途径和有效模式也颇有影响。

国外对行政决策的研究主要都是从政治学和决策科学的角度来探讨政府在制定决策的过程中如何能够更好地寻求决策的科学性和民主性,尤其是从统计学、经济学等引用了大量方法来研究确保决策的科学。这些著述对于行政决策是从公共政策角度研究,从已有的政治制度讨论制度变迁,采取构建一些决策模型的方法及技术,形成一套较为成熟的公共政策的理论和方法。在决策的公民参与方面,提出了渐进决策模式,把决策看作政策制定的过程,各种利益团体在决策中相互较量,决策是对以往政策不断进行的修正和补充,决策参与是不同利益群体的决策参与者之间的相互调适。总体上看,国外探讨公众参与行政决策机制的研究比较多,这些研究的政治学和行政学色彩浓厚,从法学角度系统探讨行政决策参与比较少见。

(二)国内研究

第一阶段,从20世纪80年代开始,由于各级政府对行政决策的科学性、民主性问题比较重视,国内学界从民主政治角度研究民主决策,从决策科学的角度研究科学决策,借鉴外国的公共政策理论和方法分析行政决策过程中的民主化和科学化,其中一些研究也借用政策经验和事实材料,对行政决策中的利益表达和综合、政策制定和执行进行分析,具有重要的理论价值。代表性的研究成果有邵峰的《行政决策学》(1990)、胡象明的《行政决策分析》(1991)、张国庆的《现代公共政策导论》(1997)、胡伟的《政府过程》(1998)、许文惠和张成福的《行政决策学》(2004)、刘伯龙与竺乾威的《当代中国公共政策》(2005)、颜佳华的《公共决策研究》(2005)、宁国良的《公共利益的权威性分配——公共政策过程研究》(2005)、刘峰和舒绍福的《中外行政决策体制》(2008)以及贺善侃等的《现代行政决策》(2008)等。

第二阶段,从公众参与视角研究行政决策,一些代表性的研究成果有李荣华的《行政决策民主化的制度创新——浅论听证程序在行政决策中的运用》(1998),彭宗超、薛澜和阚珂的《听证制度——透明决策与公共治理》(2004),钱洁的《论我国转型时期行政决策的公民参与》(2004),王锡锌和章永乐的《我国行政决策模式之转型》(2010),罗依平的《地方政府决策研究》(2011)等。但这些研究并没有突破国外公民参与决策的理论框架,特别是讨论行政决策的听证制度,将听证作为实现行政决策民主化的途径。

第三阶段,随着法治政府目标的确立,国内学术界也逐步从法律角度探讨行政决策的问题,研究行政决策的法治化问题。最早的研究是杨海坤在《中国行政法基本理论》(1992)中根据行政管理活动过程的不同阶段和不同性质对行政行为分类时,将行政决策独立出来,与行政立法、行政执法、行政司法和行政救济并列。① 随后杨海坤与李兵的《建立健全科学民主行政决策的法律机制》(2006)中重点分析建立健全科学民主行政决策法律机制的必要性与可行性。② 刘莘主编的《法治政府与行政决策、行政立法》(2006)主要讨论了法治政府建设中背景下的行政决策科学化和民

① 杨海坤:《中国行政法基本理论》,南京大学出版社1992年版,第256页。

② 杨海坤、李兵:《建立健全科学民主行政决策的法律机制》,载《政治与法律》2006年第3期。

主化。[1] 李迎春的《行政法视角下的行政决策》(2007)认为行政决策应当以行政法原理予以约束,而目前不能纳入行政行为的可用政策和程序加以规范。[2] 戴建华的《行政决策的价值理念——以正义为中心》(2012)讨论行政决策的科学化、民主化和法治化内涵,主要提出的是通过程序的法律规制来实现行政决策法治化的路径。[3] 而肖北庚的《行政决策法治化的范围与立法技术》(2013)分析了行政决策法治化的范围和明晰立法技术在行政决策法治化的重要地位。[4] 此外,孙秀君的《决策法学》(2000),周叶中和陈志英的《论决策的法制化》(2001),金国坤的《行政决策法治化是依法行政至高境界》(2010),杨寅的《行政决策程序、监督与责任制度》(2011),栗燕杰的《行政决策法治化探究》(2011),卢剑锋的《行政决策法治化研究》(2011),湛中乐的《作为"过程"的行政决策及其正当性逻辑》(2013),黄学贤的《行政法视野下的行政决策治理研究》(2014)等,这些研究成果对于认识依法决策与依法行政的关系非常有意义,明确了行政决策在法治政府建设中的重要地位,探讨了行政决策的法律制度设计。但多数研究还是偏重于原则性的理论分析,对于系统研究行政决策参与机制而言还较为狭窄。

总体上看,长期以来理论界对行政决策一直缺乏系统的法学研究,特别是从依法行政的角度对其进行研究。在行政管理学的著作和教材中对决策的研究较为宽泛和笼统,只是将决策作为政

---

① 刘莘:《法治政府与行政决策、行政立法》,北京大学出版社 2006 年版,第 4 页。

② 李迎春:《行政法视角下的行政决策》,载《行政法学研究》2007 年第 4 期。

③ 戴建华:《行政决策的价值理念——以正义为中心》,国家行政学院出版社 2012 年版,第 214 页。

④ 肖北庚:《行政决策法治化的范围与立法技术》,载《河北法学》2013 年第 6 期。

府管理行为的一部分一带而过,缺乏系统研究。即使在已有的关于决策的理论专著中,也是主要从行政管理科学的角度对行政决策问题进行了探讨。其中从民主政治和行政科学角度研究具体制度的比较多,如专家咨询制度、听证制度、民主参与制度等,尚缺乏系统性和法学理论的升华;对于法律在决策过程中的作用,如何依法进行决策,从法律程序规则上论述的少。近段时间以来,决策的民主化、科学化、法治化问题的研究已经成为政府管理工作和依法行政的迫切需要。在各级行政管理中,行政决策失误、腐败等现实问题层出不穷,虽然这与决策本身的特点有关,但最重要的原因是:各级政府在决策时缺乏关于决策的明确法律标准和具体操作的程序规则,缺乏把参与决策视为行政决策法治化的应有之义,缺乏对行政决策参与的法治构建。

当前对行政决策参与的研究存在三个问题:一是仍然从保障民主政治和行政科学的角度对行政决策参与问题进行了探讨,更多强调科学决策和民主决策的宏观意义,这些研究往往关注的是参与的民主性意义,缺乏行政决策参与理论的深刻分析,特别是缺乏对行政决策参与的利益分析。二是对依法决策的认识理解有偏差,仅仅把法律作为实现科学决策和民主决策的工具;我国当前正处于社会结构发生深刻变化的转型期,新旧行政管理体制处于转换阶段,法治建设滞后和具体规范不成熟使得社会多元利益剧烈冲突,行政决策的法治研究更需要从决策背后的利益考量,把法治价值贯彻于行政决策参与的全过程。三是行政决策参与的机制和程序的系统性研究还不够,较多研究往往止步于行政决策的法治化意义探讨,缺乏对行政决策程序的深入分析,缺乏从法律规范角度探讨行政决策参与的程序规则。

二、研究的学术价值和应用价值

(一)学术价值

行政决策行为是政府行政管理中最主要的行为,然而这一非常重要的行政行为却一直被法学研究所忽视。长期以来,行政决策一直被认为行政管理学上的概念,在几乎所有的《行政管理学》教材和论著中都将“行政决策”作为专章或专节来介绍,而《行政法学》的教材和论著中则极少涉及。行政法研究回避行政决策的原因是受制于传统的行政行为法理论,由于行政决策不具有行政行为的基本外观,把行政决策作为政府的内部事务,带有高度的政策性而难以被法律所规范,所以行政决策长时间游离于法治理论的视线外。随着法治政府建设的“精耕细作”,依法行政决策已成为依法行政的基本要求,决策法治已成为法治政府建设的目标之一,国内行政法学界也逐步开始从法律角度探讨行政决策的法治化问题,探讨依法行政决策,把行政决策纳入法治政府建设中,这对于扩展依法行政的内涵非常有意义。在行政决策的诸多价值判断中,行政决策正义应当是首要的,行政决策法治应当是行政决策的出发点。缺乏行政决策的法治视角研究,行政决策的理论将是不完整也不深入的。与此同时,需要对强调法律自治性和规范性导致对社会变迁不敏感的弊端引起警惕。本书从政治学角度对我国现有行政决策实施的现状、实效、问题和不足进行反思与追问,在传统的政治学和行政学思维基础上,在从法学角度借鉴行政法治经验的基础上,对行政决策参与机制进行理念更新和制度设计,探寻法律规范对行政决策参与的实效,以期深化我国理论界对行政决策理论研究深度和广度,推动行政决策参与问题向更深层次的领域拓展。

(二)应用价值

我国当前正处于社会多元利益冲突的高发期,行政决策成为平衡与协调社会利益冲突的最复杂的政府行为,参与决策已成为各方利益主体维护自身利益的有效途径。由于行政决策缺少参与规则的有效立法,特别是缺乏利益主体在行政决策中的有效参与,一些重大行政决策成为社会稳定的重大隐患,甚至是导致社会群体性事件的根源。对行政决策参与的有效规制成为从中央到地方所面临的复杂而重大的现实问题。①

当前行政决策存在诸多问题:就决策主体而言,长期以来由政府精英来主导决策,行政决策的过程封闭、方式简单,由于缺乏社会公众对决策的参与,政府垄断决策的机制与程序排除了政府与公众互动的决策过程,直接造成公众对决策结果的不认同,决策执行的成本增加;就决策参与而言,参与渠道堵塞,网络民意表达松散无力、决策听证成为过场等使得决策的各种制度流于形式;就决策理性而言,行政决策失误往往产生于决策的"信息不对称",决策信息被屏蔽和歪曲,甚至一些决策完全以决策者的意志为转移,或是为了维护特定利益,或是为了展示领导权威;就决策结果而言,决策者被利益集团俘获,弱势群体利益被漠视,决策中的利益失衡趋势还在继续扩大等;就行政决策参与存在的问题而言,不是缺少行政决策参与的理论,而是缺少将行政决策参与理论具体化的方法和行动,缺少能够有效实施的决策参与机制。本书将以现

① 2014年10月23日党的十八届四中全会通过的《中共中央关于全面推进依法治国若干重大问题的决定》中提出:"健全依法决策机制。把公众参与、专家论证、风险评估、合法性审查、集体讨论决定确定为重大行政决策法定程序,确保决策制度科学、程序正当、过程公开、责任明确。建立行政机关内部重大决策合法性审查机制,未经合法性审查或经审查不合法的,不得提交讨论。"

有的行政决策参与实践为基础,以社会转型为背景,从法治视角对行政决策参与的实际运行效果进行分析,对法治理念下的行政决策参与进行制度设计和完善。

三、研究思路和研究方法

(一)研究思路

第一,从基础性理论问题到具体领域、具体制度的研究进路。行政决策参与的基础性问题涉及行政决策的基本概念分析、行政决策的参与性分析、行政决策的利益性分析,具体制度性问题涉及行政决策参与的规范分析以及决策听证、专家论证、合法性审查和网络参与等,采取的是从理论到实践、理念到制度的研究策略。

第二,从现实问题实证分析到制度创新法律对策的研究思路。行政决策的参与可以从这样两个层面来理解,第一个层面是"实际是怎样参与决策的",考察谁有权参与决策,谁能够在决策中起主要作用,利益在多大程度上影响着决策参与。第二个层面是关于"应该怎样去参与决策"的理论,包括应该运用何种制度或程序来参与决策。

第三,从国外一些制度实践经验到我国本土制度完善的研究思路。由于文化特质和社会结构上的差别,行政决策参与的西方理论解释不能简单套用于我国现实,需要结合我国行政决策的历史文化特点,进行行政决策参与的现实性分析。我国目前仍处于传统决策体制向现代决策体制的转变期,不能简单套用西方行政决策参与的理论分析模式解释我国的行政决策参与现实,而应该是从我国行政决策参与的实际需求出发,了解我国行政决策参与的事实与特点,来研判国外制度实践经验对于我国当前社会背景下构建行政决策参与机制的借鉴意义。

（二）研究方法

第一，跨学科研究法。法学研究并不是封闭的，行政决策的政治学研究、行政学研究和社会学研究等都能为行政决策的法学研究提供理论养分。[①] 法学侧重的是公平与惩戒，管理侧重的是科学与效率。行政决策机制和程序问题涉及法律、政治、经济和社会等多个领域，需要综合运用跨学科的研究方法。比如，运用法学的方法来分析法律规范，运用政治学的方法来分析民主机制与行政决策的融合，运用经济学的方法来分析行政决策背后的利益因素等。

第二，文献研究法。通过大量地收集文献资料，尤其是改革开放以来中央与地方对行政决策程序和机制进行探索而形成的政策和规范性文件等。传统的行政决策是自上而下的模式，而不是多元利益的社会互动，现有决策模式已经丧失其存在的基础，考察行政决策机制的来龙去脉，以期从行政决策发展的历史轨迹中探寻依法治国背景下的决策机制。

① 卢剑锋：《行政决策法治化研究》，光明日报出版社 2011 年版，第 3 页。

第一章　行政决策的基本概念分析

概念是对事物本质与内涵的集中体现。要抓住事物的本质和属性，就要透过事物的现象从概念入手。决策活动自古有之，决策理论研究最早开始于军事决策，随后进入到企业经营决策，接着又逐步进入政治决策，最后又体现在行政决策。在现代政府活动中，行政决策是政府管理公共事务的最为重要的管理工具和手段。

一、行政决策的界定

广义的行政决策是政府来制定公共政策，狭义的行政决策是行政过程中的决策环节，相对于行政过程中的执行环节，决策环节是行政管理中的核心环节，正如行政学大师赫伯特·西蒙所言：决策是行政的心脏。[①]

---

① 转引自陈振明：《公共政策分析》，中国人民大学出版社2003年版，第113页。

（一）行政决策的理论解释

行政决策首先是作为行政学意义上的概念，基于认识角度的不同，学界对于行政决策的理解是众说纷纭，并没有一个统一的认识，概括起来大体上可以归纳为以下三类：

第一类观点是从公共政策意义上理解行政决策。现代行政之父伍德罗·威尔逊认为，行政决策是由政治家即具有立法权者制定的法律和法规，而由行政人员执行。① 美国著名学者托马斯·戴伊认为，凡是政府决定做的或不做的事情就是行政决策。② 中国学者也表达了类似的观点，宁骚认为行政决策"是公共权力机关经由政治过程所选择和制定的为解决公共问题、达成公共目标、以实现公共利益的方案"。③ 陈庆云认为，行政决策是"政府依据特定时期的目标，在对社会公共利益进行选择、综合、分配和落实的过程所制定的行为准则"。④ 孙光认为，"政策是国家和政党为了实现一定的总目标而确定的行动准则，它表现为对人们的利益进行分配和调节的政策措施和复杂过程"。⑤

第二类观点揭示了行政决策目的是决策者履行自身职能和处理行政事务。例如，贺善侃、黄德良认为，"行政决策专指国家行政机关在其管辖权限内所制定的决策，是国家行政机及其领导者在行政管理过程中，为履行自己的职能，依法处理行政事务而进行的决策活动"。⑥ 张文博认为，"行政决策是国家行政机关和其他行

① 转引自伍启元：《公共政策》，香港商务印书馆 1989 年版，第 4 页。

② ［美］托马斯·R. 戴伊：《理解公共政策》，彭勃等译，华夏出版社 2004 年版，第 2 页。

③ 宁骚主编：《公共政策学》，高等教育出版社 2003 年版，第 8 页。

④ 陈庆云：《公共政策分析》，中国经济出版社 1996 年版，第 9 页。

⑤ 孙光：《政策科学》，浙江教育出版社 1989 年版，第 14 页。

⑥ 贺善侃、黄德良：《现代行政决策》，上海大学出版社 2001 年版，第 12 页。

政组织在执行国家政府职能,处理行政事务过程中,为达到预期目的所做的行政决定的行为和过程”。[①] 许文惠、张成福、孙柏瑛认为,“行政决策是指国家行政机关为履行行政职能,就所面临要解决的问题,从实际出发,制定与选择行动方案,做出决定的活动”。[②]

第三类观点认为行政决策就是从众多备选方案中筛选出最终方案。此观点突出了行政决策的选择性。莫岳云认为,“行政决策又称政府决策,是指国家行政机关及其工作人员为实现一定的行政目标,根据法定权限,按照法定程序对其职责范围内的公共事务作出决定或确定行动方案的活动与过程”。[③] 邹钧认为,“行政决策是行政官员处理行政事务时,为了达到预定目标,根据一定的条件,做出多种可供选择的方案,经过比较,从中选择一种最佳方案去付诸实施,并在执行中进行反馈,使决策符合实际”。[④] 国外有学者认为,“行政决策是行政机关采取行动之前的意志反映,是行政机关为达到某一目的选择的一种解决办法”。[⑤] 袁曙宏认为,“所谓行政决策,是指国家行政机关为履行自己的职能,在行政职权范围内,按照法定程序就国民经济和社会发展决策、预算、国家和社会发展事务、立法事务、重要政策的制定、主要建设项目等所作的调研、论证、选择及决定的活动或过程”。[⑥]

笔者认为,行政决策具有公共政策的特点,是国家行政机关依

---

① 张文博:《行政学词典》,吉林人民出版社 1998 年版,第 381 页。

② 许文惠、张成福、孙柏瑛:《行政决策学》,中国人民大学出版社 1997 年版,第 2 页。

③ 莫岳云:《行政决策学》,中国社会科学出版社 2004 年版,第 8 页。

④ 邹钧:《日本行政管理概论》,吉林人民出版社 1986 年版,第 119 页。

⑤ [罗]米哈依·T. 奥洛威娅奴:《国家行政管理学概论》,王铁山译,中国人民大学出版社 1998 年版,第 107 页。

⑥ 袁曙宏:《全面推进依法行政实施纲要读本》,法律出版社 2004 年版,第 127 页。

照行政组织法和有关授权法的规定对国家和社会重大事务进行调整、设计、规划和安排的行政行为,是国家行政机关在法律赋予的职权范围内,为了履行公共职能,遵循法定程序来确立决策目标,备选决策方案,选择最终决策。行政决策是一种复合型的行政行为,具有抽象行政行为和具体行政行为的双重性质。行政决策不等同于行政立法活动,不是立法决策,但具有像行政规范性文件的重大影响;行政决策也区别于行政处理,不是一般的具体行政行为,是具有重大影响的重大决定。行政决策具有重大性,涉及重大公众利益影响。

(二)行政决策的规范解释

法律规范中没有对行政决策概念进行明确规定。在目前已经出台的十一部省级地方行政规章中只有《湖南省行政程序规定》、《山东省行政程序规定》和《广东省重大行政决策专家咨询论证办法(试行)》对“重大行政决策”做了概括式的界定,表述基本一致,即县级以上政府作出的关系本地区经济社会发展全局、涉及面广、专业性强、与公众利益、公共利益密切相关的事项。[①] 此概括式的界定主要是从做出行政决策的主体及其社会影响的角度出发,可操作性不强,实践中容易产生争议,因此几乎所有的规范性文件还是选择采用列举式以明确重大行政决策的内涵。

---

① 例如,《湖南省行政程序规定》第 31 条规定,本规定所称的重大行政决策是指县级以上人民政府作出的涉及本地区经济社会发展全局、社会涉及面广、专业性强、与人民群众利益密切相关的下列行政决策事项。《山东省行政程序规定》第 24 条规定,本规定所称重大行政决策,是指县级以上人民政府依照法定职权,对关系本地区经济社会发展全局、社会涉及面广、与公民、法人和其他组织利益密切相关的下列事项作出的决定。《广东省重大行政决策专家咨询论证办法(试行)》第 3 条规定,本办法所称的重大行政决策,是指行政机关依法作出的涉及地区经济社会发展的重大决策以及与公共利益密切相关的专业性较强的决策。

由于中央法律规范中没有对重大行政决策的内容做具体规定,[①]因而各省所列举的事项并不统一。横向观察和比较已出台的十一部省级规范性文件,可将重大行政决策所包含的事项大致分为两类,包括与人民群众切身利益密切相关的民生类事项和对本行政区域将产生全局性、长远性影响的管理类事项。

二、行政决策的基本属性分析

从行政决策的主体和目的上来看,行政决策有两大基本属性:行政决策是决策者的意志体现,决策行为是一种权力行为,行政决策行为表现出明显的裁量性;行政决策要依靠大量信息来实现科学决策,决策的目标是理性决策,行政决策行为要求是理性行为。

(一)行政决策的裁量性

在管理社会公共事务时,行政机关具有通过自主的判断而作出灵活选择的权力,只要法律对行政机关的权力没有作出完全的拘束,行政机关就拥有自由裁量权。美国学者戴维斯认为:"行政裁量就是在可为、不可为之间做出选择的权力;或者是作为还是不作为以及怎样作为的权力。"[②]而行政决策由于自身特性,且法律有自我局限性和实现个案价值的需要,决定了行政决策自由裁量贯穿于行政决策的整个过程。

---

① 2017年6月9日国务院法制办公室公布的《重大行政决策程序暂行条例(征求意见稿)》第3条规定,本条例所称重大行政决策包括以下事项:(一)编制经济和社会发展等方面的重要规划;(二)制定有关公共服务、市场监管、社会管理、环境保护等方面的重大公共政策和措施;(三)制定开发利用、保护重要自然资源的重大公共政策和措施;(四)决定在本行政区域实施的重大公共建设项目;(五)决定对经济社会发展有重大影响、涉及重大公共利益或者社会公众切身利益的其他重大事项。

② 杨海坤:《跨入21世纪的中国行政法学》,中国人事出版社2000年版,第286页。

首先,这是由行政决策具有目的性、选择性的特性所决定。行政决策的作出总是为了实现一定的目标,为了实现特定行政目标,实践中会有不同的方案,决策本身就是对不同方案进行分析和比较的过程。在这种情况下,面对复杂且多变的社会公共事务,决策的作出是一个制定、选择、不断修改的过程,这就需要决策主体根据具体情形,对行政决策不同方案加以比较和选择。

其次,法律不可能对行政决策的每个方面都加以具体规定,拥有自身局限性,法律的稳定性和僵化性决定了行政自由裁量权存在的必要。法律要保持一定的稳定性,就不能朝令夕改。同时法律面前人人平等,可能会导致行政决策的僵化和实质不平等,也就无法实现个案正义。行政机关在面对需要进行决策的社会公共事务时,要通过自身判断来灵活地对不同方案加以选择。在行政决策过程中,既要考虑个案具体情况,又要实现公共利益最大化,不可避免的有决策者的主观判断因素,行政决策中自由裁量的存在是客观、合理的,行政决策过程是不同价值、利益和偏好加以选择、平衡和协调的过程,过程中自然充满了决策者依据客观情势进行主观判断的自由裁量行为。

面对复杂且多变的社会公共事务,当今行政决策权正在经历一个不断扩张的过程,行政决策权自身的发达也是行政权扩张的表现。由于社会发展,行政活动不可避免地渗透到社会各个领域,有些事项需要政府及时作出决策来加以回应,需要行政决策对涉及广泛的公众利益进行调整,带有一定的决策目标价值取向,进行积极干预。行政决策权作为政府特有的公共权力,行政决策与其他行政行为相比更加抽象,行为规范更加原则甚至模糊,从而造就了行政决策权具有更加广泛自由裁量的空间。权力自身的自由裁量空间越大,自由决策裁量失控的可能性就越大。行政决策裁量权的失控源于裁量权自身的隐蔽性。决策行为过程中,人的思维活动是各种心理因素不同作用的结果,例如人的知识、性格、动机等不同因素。不同主体对于不同问题、差异的外部环境因素、社会不同利益格局等,也会作出不同决策。决策过程中,在处理不同影响因素时,究竟哪些因素在最后决策时发生了决定作用根本无从知晓,这使得决策具有隐蔽性,导致决策裁量权的失控。①

(二)行政决策的理性

理性决策要求决策者在对决策信息全面、准确把握的基础上进行的决策。行政决策既要体现决策可行性、可操作性,又要防止决策的主观随意性,还要确保决策的全局性。因此,政府关涉社会的重大事项都应该本着理性要求,在认真论证的基础上慎重决策。政府行政决策的前提条件是它应该作为社会公共利益的化身,对社会运行进行公正无私的理性决策调控。所以,政府在进行决策时,政策工具选择和搭配要适当。要衡量决策的效益,就要比较决策实现的价值与决策付出的代价。理性的决策是有效益的决策,决策带给社会的收益大于那些为了支持这种决策行为所付出的成本。而信息是行政理性决策的基础。

"大数据"时代的传播方式更加多元化,但其本质并没有改变,"大数据"的本质依然是信息。信息是什么?信息在新闻学上与通讯技术相连,而在哲学领域又被赋予了物质与精神的对立统

① 典型的如2007年厦门市政府拟建立PX项目决策,结果遭遇市民"散步"抗议反对,项目被迫迁至漳州。此前项目的准备及其花费造成了巨大的公共资源浪费。正是由于该决策作出的隐蔽性和随意性,决策方案没有公开而且前期并没有论证,很多公众对此并不知晓,导致了后期执行时的公众不理解与反对。参见苏永通:《厦门PX事件追踪:项目更换名称落户漳州》,载 http://news. feng. com/main/and/200902/0205. 17. 996428. shtml,2018-05-17。

一意义。[1] 信息对于行政决策的重要性自是不言而喻,管理学大师西蒙指出,信息输入的正确与否、数量多少、是否具有代表性对于重大行政决策的作出至关重要。虽然信息也存在时效性、有限理性等诸多不足,但是在"大数据"时代,信息与行政决策的关系已愈发紧密。

信息造就行政决策产生。行政决策以其制定过程是否向公民公开为标准可以分为内部行政决策和外部行政决策。约翰·托马斯的决策模型理论中有一种自主式决策模式,即在决策制定中没有公民参与的内部决策模式。即便是在这种模式下,信息的收集、分析、处理也是不可或缺的。而在外部决策模式下,信息的运用更是事关行政决策的成败。一项决策议题的设定不会凭空捏造出来,是什么使得政府认为某项事务到了非解决不可的地步呢?信息使然。在这里假设政府并不总是积极的处理社会事务,因为政府的精力有限,而社会事务总是纷繁复杂。在这些事务当中何者能够成为政府优先解决的事项是首先需要确定的事情。政府基本义务之一便是听取公民的意见。公民发出的"声音"便是信息,这种信息通过某种渠道传递到政府手中,那么在某段时间内公民最关心、反映数量最多的焦点问题就可能成为行政决策的议题。这里姑且不论这种"声音大"的信息的真实性、可靠性,但事实上信息产生了决策。

信息在行政决策中处于基础地位。信息是决策的生命之源,专业的技术与良好的信息共同构成了行政决策的核心。[2] 信息的

---

① 张明杰:《开放的政府——政府信息公开法律制度研究》,中国政法大学出版社2003年版,第5页。

② [美]詹姆斯·W.费斯勒、[美]唐纳德·F.凯特尔:《公共行政学新论:行政过程的政治》,陈振明、朱芳芳等译,中国人民大学出版社2002年版,第251页。

这种核心地位是如何得到确立的呢？这要从决策机制中寻找原因。现代决策理论已经承认了博弈论在决策学中的地位，博弈存在于决策的各个阶段，博弈论认为利益各方主体可以对事件之中的利害关系做出合理预期同时基于这种预期来指导自己的行为。各方利益主体得出的合理预期就在于其对影响决策的信息的掌握程度和分析能力。

信息作为决策核心地位还可以以另一种方式得到印证——政治代理中的机会主义，这在厦门 PX 化工厂事件中都有所体现，可以说也是我国行政决策发展中所面临的主要难题。代理机会主义通常与权力设租行为相连，代理人总是禁不住私利的诱惑，导致这种现象产生的原因就是信息的不对称。代理人作为内部人，比他们的委托人——外部公民，更了解情况，掌握更多的决策信息。在政府部门中，对这种委托——代理问题又缺少自动监察机制，造就了更大的信息不对称，并最终为代理人机会主义创造了更多的机会。[①] 可见，行政决策中，信息不对称产生代理机会主义，代理机会主义导致信息更加不对称。决策者握有的这种信息优势往往会联合大的利益集团来共同谋取利益最大化。垄断利益组织与决策者的合作方式无外乎是垄断组织提供分红给决策者，决策者通过政策倾斜为垄断组织发展扫除障碍使之获得更多利益。利益链条是维系这一模式的基础，突破这一利益链条的钥匙就是信息。一旦利益相关方通过一定渠道了解了这一运作过程，那么这种倾斜性的决策的实施就会面临极大的阻力。在制定决策和实施决策的过程中需要相应的信息，但是决策者为了保证自身的利益不受侵

① [德]柯武刚、[德]史漫飞：《制度经济学——社会秩序与公共政策》，韩朝华译，商务印书馆 2000 年版，第 396 页。

犯往往倾向于不公开决策过程中的信息,而只是将成型的决策结果抛向公众。可见,决策信息运作的不公开性造成了行政决策的诸多矛盾。

信息助成行政决策目标实现。信息不单是造就行政决策的产生,同时也成就着行政决策。信息的重要性不仅体现在决策的制定中,同时也反馈于决策的实施中。如果说行政决策的制定是信息输入的外化成果,那么这一成果能否达成其预定目标则是需要实践检验的。当今社会,能够不依赖于公民力量就达成目标的决策可谓凤毛麟角,但也并不绝对,例如在外交、国防等领域的内部决策还是占据了主要地位,但是这些决策的执行也有可能影响到公民的反射性利益,只不过并不容易为公民所察觉。这类决策的推行一般要承担较大的风险,因为公民如在事后了解到决策影响自己的利益会产生更大的抗议与阻力。而在绝大多数的需要公民参与才能实施的决策中,信息起到了缓解政府与公众紧张关系的作用。

从公民的角度来看,行政决策的侵益性可以说是绝对的。因为"不要在我家后院"(not on my backyard)的理论证明了无论是看起来多么正确、利好的行政决策都会有一部分民众以这样或者那样的理由加以抵制。人们通常只从自己的切身利益出发考虑问题,不同的人基于利益立场对于同一事务的看法通常是有矛盾的。那么政府能做到的便是在相关公众的矛盾意见中寻求最大共识,[①]这依赖于信息的收集和分析。通过信息收集,公众对于某项决策的了解更为深入,信息是不同利益集团达成一致协议的筹码。

---

① [美]约翰·克莱顿·托马斯:《公共决策中的公民参与》,孙柏瑛等译,中国人民大学出版社2010年版,第38页。

在协商中,不同利益主体对彼此所掌握的信息的交换最终促成了相互妥协。而在这一协商过程中,只有通过将政府掌握的信息传达出去从而获得来自公众的信息才能有效决策。由于博弈存在于决策的各个阶段,所以政府的决策也是围绕着其所掌握的信息决定的。行政决策质量的关键取决于管理者和被管理者之间信息的平衡。

行政决策效果的检验需要信息反馈。行政决策的评价与监控阶段必须收集并重视的信息,包括政策效用信息等信息。[①] 这就意味着并不是决策后就万事大吉了,行政决策能否达到预期的效果还需要时间的检验。虽然我们在决策过程中不断修正来追求决策目标的完善,但是一些没有预料到的矛盾还是有可能阻碍决策目标的实现。信息反馈是信息在行政决策循环系统中必不可少的一环,政府可以将反馈得来的信息作为积累,成为今后相似决策的依据,开启下一个决策循环。

三、科学决策、民主决策与依法决策

科学决策、民主决策是行政决策的应有之义,依法决策也成为依法行政的重要内容。

(一)管理视角的行政决策——科学决策

科学决策,是指决策主体和参与主体充分利用管理科学的理论、方法和知识来进行决策,在决策的过程和结果中反映科学的理性思维,把科学规律体现决策中。科学决策包括决策程序的科学和决策内容的科学,决策程序的科学性包括决策动议科学、决策形

---

① 李永忠:《论公共政策信息的特性、类型及作用》,载《中国行政管理》2011 年第 7 期。

成科学、决策反馈科学等。决策内容的科学包括决策方法科学以及信息分析的科学性。决策科学化程度取决于决策信息的全面、准确、真实,取决于对决策信息的掌控。“行政决策的过程实质上是信息的输入、转换、输出的过程。”①对决策科学性产生决定作用的是决策所依据的信息,决策主体不可能完全掌握决策所依赖的全部信息,决策信息的获得和传递就成为决策过程中的首要环节,防止信息“失真”也就成为决策中关键因素。决策信息获得后,决策主体要对获取的各种信息进行分析、加工、处理和论证,为最终决策方案的形成提供科学依据。决策科学化要求最终的决策是科学管理下的集体决策,要求建立专家参与的决策。有限理性理论认为,决策不可能实现完全理性的决策,决策者选择最佳方案时总会受到意想不到的限制。为了克服决策过程中的理性限制,就必须建立专家参与机制,充分发挥专家在决策过程中的知识优势,避免或减少行政决策行为的盲目性和随意性。

(二)政治视角的行政决策——民主决策

民主决策,是指社会公众能够充分实现对决策过程的参与,在最终的决策方案中能最大程度地体现广大公众的利益意愿,即依民意而决策。行政决策的民主化就是要改变以往重大社会事项决策由少数人决断的模式,转化为吸纳公众的参与和实现公众意愿的决策模式。行政决策虽然在形式上体现为个人决断,但这种决断必须是在民意基础上的决断,决不能是背离民意的“独裁”。行政决策民主化应当是一种“权力—权利”的良性互动和制衡。行政决策民主化不仅是行政民主建设的根本要求和发展趋势,更是政府管理实践的迫切要求:公众参与决策的过程,可以有效监督决

① 蒋文武:《论信息时代行政决策的发展》,载《求实》2002 年第 9 期。

策权力的滥用;公众有效介入行政决策领域,大大提高了公众对各种决策的认同感和支持度;决策有效贯彻民意,才能提高公众的道德认同,防止民怨和抵制。只有自己的声音与意志得到了合理的体现,公众在接受决策时才具有主动性,决策更加易于操作和执行。克服民主决策的局限性——实现利益参与。间接民主或者代议制民主使行政决策越来越远离利益相关方,只有各利益主体参与行政决策,促进决策过程开放,才能实现决策利益平衡,形成利益参与的民主决策机制。

(三)法治视角的行政决策——依法决策

科学决策、民主决策需要法律保障。依法决策要求行政决策必须以法律制度为基础,把科学决策、民主决策的要求通过法律程序确定下来,实现信息收集和研究分析相结合,实现公众参与和专家论证相结合,实现集体决策和现代化技术相结合,提高决策的科学性与民主性。"要随着决策体制改革进程的延伸,不断把已经取得的改革成果用法律和制度的形式确立下来,最终为整个决策过程作出周密的制度安排,这是决策科学化的根本保证。"①决策的制度化、规范化、程序化,是决策法治化的最重要体现,它是决策民主化和科学化的基础。没有一套法治化的决策规则和程序,就难以实现科学决策、民主决策。依法决策可以使决策的科学性和民主性成为决策主体的法律义务,"可以避免决策的主观性、随意性和任意性"。② 因此,要实现科学决策、民主决策,防止决策重大失误,就必须确保决策的制度化、法律化。对决策权力进行法律控制——实现决策过程的参与。由于决策者的自利倾向,独立的利

---

① 杨建平:《从决策体制入手推进政府改革》,载《政治学研究》2000年第4期。

② 刘作翔:《建立政府决策的法治机制》,载《检察日报》2000年11月2日,第7版。

益个体能切身感受到行政决策的侵蚀。决策者会按照自己的主观愿望和价值偏好来决策,把自己的各种利益需求带入决策中,依法决策过程的参与可以有效抑制政府在行政决策中的自利性。

决策具有客观内容主观化的特性,而法具有的主观内容客观化的特征。决策就是依法决策,"即任何决策不应是个人恣意、专权、违法的产物"。[①] 法与决策关系的定位就是:决策从属于法,依附于法,法为决策之准则;决策受法之调整;决策以法为依据;决策以法为限度;决策受法之规制;决策受法之监督。依法决策是法与决策关系的集中体现。依法决策是指通过法律来约束决策主体、来确立决策体制、来控制决策过程,特别保障公众参与决策的权利,最终使决策权力有效监督。依法决策已经成为我国政治建设和政治体制改革的重要内容,同时也是我国建设法治政府和实现依法行政的主要内容。

科学决策和民主决策的要求应被完整地纳入依法决策的轨道,实现科学决策、民主决策和依法决策:依法确定决策范围,合理分配决策权力,理顺决策体制,明确决策权限、职责和范围,实现权力制衡;依法确定科学民主的决策程序,依法保障决策参与主体的权利,确保公众参与制度化、专家论证制度化、合法性审查制度化;建立健全决策监督制度和责任制度等。

(四)科学决策、民主决策与依法决策的统一——决策参与

从科学决策、民主决策、依法决策的角度看,行政决策参与的有效意义体现在三个方面:科学决策目标的实现——建立专家参与;克服民主决策的局限性——实现利益参与;决策权力的法律控

---

① 郭道晖:《法治决策与决策中的法治意识》,载《检察日报》2000 年 9 月 28 日,第 3 版。

制——决策过程的参与。

四、行政决策:从封闭决策走向开放决策

行政决策作为一项重要的行政行为,是政治系统权威性决定的输出,因此对其内涵的把握往往要结合传统社会中政府不同的治理模式和定位及其不同的理念重心来进行理解。

(一)行政决策模式的分类

张康之教授提出三种行政模式:权力本位的统治行政模式;权利本位的管理行政模式;服务本位的服务行政模式。[①] 传统视角下的行政决策是一种权力本位的统治行政模式,应该是一种封闭决策,行政决策从权利本位的管理行政到服务本位的服务行政,则属于现代社会或者说未来社会所积极向导和构建的一种新型行政模式,应该是一种开放决策。

在政府发展的长河中,封闭决策表现为精英决策。在代议制政府理论的引导下,政府被看作接受公民委托而进行社会管理的代理。但实际情况并非如此,政府发展至今已经有越来越多的人质疑它的代表性,政府的组成人员仍然来自社会地位较高层面,他们是社会的精英阶层,拥有自己的文化圈。由这些人组成的政府,其指定的公共政策反映的也是其精英者的偏好而已。偏好往往与选择相呼应,管理学大师西蒙谈到,个人对限制他们的选择集中的安排有自己的偏好,而且他们在给定选择集中作出选择也有自己的偏好。[②] 这种偏好能在多大程度上反映相关公众的意愿一直以

---

① 张康之、程倩:《作为一种新型社会治理模式的服务行政——现实诉求、理论定位及研究取向》,载《学习论坛》2006 年第 5 期。

② [美]赫伯特·西蒙:《现代决策理论的基石》,杨砾、徐立译,北京经济学院出版社 1991 年版,第 124 页。

来都是学界谈论的热点。

在精英决策模式中，由于决策体现的是政府的偏好，所以倾向于不公开决策的制定信息，只将决策结果的信息公之于众。由于决策制定信息不公开，则当然不会出现公众参与，决策的内容也可以想见反映的是精英人士的意志而非公众的意志。经过以上分析，可以看出精英决策模式在当今决策领域适用的范围已经愈发狭窄。但是，在个别领域仍然有其用武之地，例如经典案例，美国反对对黑人实行种族隔离制度，对待新移民的优惠政策的推行。这些政策都是涉及美国普通民众的利益的，对他们的社会保障、就业、社区环境都有着相当的影响，在刚一推出时就遭到了美国民众，尤其是底层民众的反对。但是，政府并没有倾听民众的呼声而是将政策实施起来，历史的发展证明，这些决策也是符合时代要求的，精英决策模式也有其适用范围。

封闭决策缺乏透明性与公开性，封闭决策模式是由权力精英替代公众进行利益表达，更多表现为权力的斗争与平衡，而非开放的多元化的社会公众互动决策。开放决策应树立公开原则，要求行政决策过程的公开。决策过程的公开是对不同意见的考虑，是赢得公众更多信赖。过程公开是确保决策结果不为特殊利益集团所“俘获”，保证决策对各方利益主体都加以关照。与开放决策相对应的就是所谓的“暗箱决策”，亦即封闭决策体系中精英决策的最大问题，因为“暗箱决策”往往是滋生腐败寻租等丑恶现象的温床。封闭决策最易形成秘密决策的做法，无形中为行政决策的腐败、幕后交易提供了“天然屏障”，起到了推波助澜的不良作用。

开放决策是一种决策理念和机制创新，其本质是通过公开而实现公民的知情权、参与权和监督权，是民主决策的一种实现形式。对于决策机关来说，开放决策扩大了决策信息的来源，有利于避免或减少决策失误；对于社会公众来说，开放决策为他们参与决策提供了通道，有利于实现民主决策权利。开放决策的目的是让公众知悉决策信息，让决策者知悉公众反馈，征询性是开放决策的基本属性。开放决策就是实现决策的公开、透明，以实现决策的民主化和科学化。在现代社会，应建立完善的决策信息公开制度，建立政府决策项目的预告制度和重大事项的社会公示制度，适应开放社会的要求，从封闭型的精英决策体制向开放型的公开、透明决策体制转变。

（二）我国行政决策模式的演进

我国的行政决策长期以来都是由政府主导，是一种主体单一、方式单向、过程封闭的决策模式。在传统的行政体制下，政府几乎垄断了行政决策过程中所有的资源，公众完全被排斥在决策过程之外。由于计划经济形成政府在整个社会中的主导地位，政府成为社会中唯一的权威，任何行政事务的管理包括行政决策都是依靠政府，政府被视为无所不能，“整个政策制定系统呈现出一个封闭的体系，政府与外部之间缺少必要的交流，政府几乎垄断了决策信息，决策过程基本上是不透明的”。[①] 传统的行政理念把政府作为决策的唯一主体，政府习惯于封闭决策，这种传统的决策方式效率高，但存在决策失误的概率高，由于公众对决策的认可度低，也极大增加了决策的执行成本。政府仅从自己的角度决策，是“以政府利益为中心”[②]的决策，从而产生大量的决策侵权、决策失效现象。“这种决策权力的高度集中，其最大的缺陷在于用单一的决策

---

① 霍海燕：《公民社会的兴起对政策制定的影响》，载《中国行政管理》2008 年第 2 期。

② 罗依平：《地方政府决策研究》，湘潭大学出版社 2011 年版，第 100 页。

目标去应付一个复杂的、多元性的社会。”[1]政府垄断决策的后果就是,利益主体参与行政决策的愿望与政府对利益主体决策参与权的漠视形成了激烈的冲突,造成利益主体对政府行政决策的信任危机,直接导致行政决策的执行成本增大或难以执行,致使政府权威的降低甚至丧失。

在这种传统决策模式中,即使存在一些决策参与,基本上是在政治权威的号召下,政府单一主体自上而下的推进,通过政治动员来实现的,完全由政府控制公众参与的过程,由政府界定决策议题或确定参与程序,实行的是一种自上而下的参与模式,具有强制性、被动性和盲目性的特点。行政决策的参与往往是被动参与、有限参与、甚至是装饰门面的参与,参与者不是为了争取、实现和维护自己利益而参与行政决策。多元利益主体很难有机会和渠道以维护利益为目的参与决策过程,多元主体的需求偏好与利益诉求很难输入到行政决策中。

政府垄断决策时代必然要终结,这不仅仅是“不断拓宽的信息通道彻底瓦解了以信息集中控制为基础的集权型行政决策模式。”[2]更多的是社会现实的多元利益要求开放决策。“面对这样一个日益多元化和自下而上要求日益增多的社会,政府是否满足于纯粹的回应作用,以及能否满足不同社会利益的要求,是当前政治决策面临的问题。”[3]随着现代社会的发展和意识领域的转变,市场经济的快速发展和完善,利益分配的格局从行政主导向多元诉求转变。多元利益诉求开始被社会公众愈来愈强烈地、自发地

① 贺善侃、黄德良:《现代行政决策》,上海大学出版社 2001 年版,第 166 页。

② [美]约翰·克莱顿·托马斯:《公共决策中的公民参与》,孙柏瑛等译,中国人民大学出版社 2010 年版,第 4 页。

③ 陈振明:《公共政策分析》,中国人民大学出版社 2003 年版,第 211 页。

表达出来,公众参与决策的理想与政府对公众参与权的漠视形成了冲突,一般是通过网络舆论、新闻媒体、司法诉讼等方式,甚至是集会、抗议的极端方式,特别是近年来有行政决策引发的群体事件有愈演愈烈之势。越来越多的公民行动使行政决策中的公众参与成为大势所趋。“社会转型所带来的社会结构的变迁、权利时代公众主体意识的觉醒、现代社会对公共生活的‘公共性’吁求,都从自上而下和自下而上两个方面推动了公众参与的兴起。”①多元的利益诉求和多元的利益矛盾与冲突直接或间接地挑战一元的行政领导。政府已经不是作为单一的行政决策主体存在,多元化的利益主体慢慢发展和壮大,传统的政府治理模式也要发生根本性转变,多元利益主体参与到公共事务的决策中是政府转变职能的核心体现。在行政决策过程中引入多元主体的参与,重新塑造和定位政府、第三部门组织、社会公众和媒体在决策过程中的权力边界,形成一种多元协调的决策机制。多元主体参与行政决策不再被视为一种恩赐,而是一种权利,打破决策主体的单一性、封闭性,多元主体从多个角度,全方位地参与行政决策过程。行政决策的权威性将更多源于多元利益主体的参与。多元利益主体的决策参与,将极大提高行政决策的可接受性,极大减少行政决策的服从成本。

---

① 王锡锌:《参与式治理与根本政治制度的生活化——“一体多元”与国家微观民主的建设》,载《法学杂志》2012 年第 6 期。

第二章 行政决策参与中的利益

行政决策作为现代行政管理中最重要的政府行为，是行政学研究的一个重要内容，但一直被法学研究所忽视。如果说行政学上行政决策参与的研究烟波浩渺，那么以利益为视角研究行政决策则可谓凤毛麟角。当下我国正处于社会结构深刻转型的关键时期，同时也是社会多元利益剧烈冲突的高发期，行政决策处于社会结构转型和利益冲突协调的最前端。行政决策参与"是指公民直接参与到关系他们自己切身利益的政府即行政机关制定公共政策的过程中去，使他们能够通过各种有效途径，充分表达自己的意见，形成合意，对政府行政决策产生积极而有效的影响"。[①] 参与作为一种新兴的现代民主形式，是代议制民主的一种重要补充形式。在行政决策中，

---

① 石路：《政府公共决策与公民参与》，社会科学文献出版社2009年版，第19页。

参与不仅仅作为一种民主理论,参与更是行政决策的本质要求。行政决策参与更多是一种利益的参与。

一、行政决策的“利益”视角

基于民主自身的局限性,如果我们把“利益”作为我们分析行政决策参与的工具的话,则可以很好地规避上述种种局限性,发挥民主在行政决策中的真正作用。因为只有在行政决策的制定过程中,让利益相关方参与,摒弃固有的形式上的所谓民主,使其直接参与到行政决策中来,表达自己的利益诉求,促进决策过程开放,才会最终实现决策利益的最大化和决策的真正民主化。

“利益”分析有助于实现决策理念的更新。决策民主化是现代民主政治发展的积极要求,如前所言,它强调的是一种多数人之治。然而,其最终归宿仍可归结为是公共利益目标的实现。在民主决策中,不同的利益群体表达不同的利益,行政决策是对社会利益进行的权威性分配,必须以公共利益的最大化实现作为终极目的,只有依托决策过程中的民主参与才能实现这一目的。行政决策需要协调不同的利益诉求,最大程度上形成一种为全体利益群体所能接收的公共利益。因此,民主决策在本质上是表达与整合公共利益,决策表现为是利益博弈的结果。行政决策的参与在目的和归宿上,最终都离不开“利益”的踪迹,决策与利益息息相关。

“利益”分析有助于保障决策中的弱势利益。传统行政下所做的行政决策,要么强调秩序在其统治中的价值地位,要么把自己进行“非人格化”的工具定位,保持一种决策价值上的中立,简单地追求决策制定和执行中的效率“价值”,而很少有把最大程度地实现和维护好社会公共利益作为其决策的最终价值取向。伴随着

"服务政府"的到来,以"服务本位"标榜的政府虽然更多地注重服务理念和用道德伦理处理其在管理中形成的行政关系,但是其往往保护的只是那些决策利益相关方中强势群体的利益,对于弱势群体而言,由于囿于自身力量的薄弱、经济发展水平的落后、政策权威主体的排斥等种种原因,他们的合法权益并不能得到同等的保护和救济。然而,利益视角下对公民参与行政决策的研究则把重心更多地放在了这一部分弱势群体身上,通过制定多种保护措施,设计多渠道利益诉求机制,以最大限度地保障他们自身的利益诉求,毕竟他们的利益诉求得以实现才是现阶段公民参与行政决策的最大意义和最终价值目标。

(一)行政决策中的利益

行政决策是对利益的权威性分配,立足于社会转型现实分析行政决策中的利益要素,既是行政决策理念的更新,也是行政决策法治化理论的深入,更是构建行政决策法律利益机制的前提。

1. 行政决策中的公共利益与私人利益

德国学者 Neumann 将利益分为主观的利益和客观的利益,主观的利益是团体内各个成员之直接的利益,而客观的利益则相反,不再存在成员的利益,而是超乎个人利益所具有之重大意义的事务、目的及目标。[①] 主观的利益更多意义上是指社会组织和个人的私人利益,而客观的利益更多意义上是指公共利益。公共利益是不特定的社会公众的利益,具有共享性,没有排他性,这种利益客观地影响着社会整体的存在,尽管很多时候这种利益并没有被社会公众明确地意识到。私人利益是社会组织和个人所独自享有

---

① 参见陈新民:《德国公法学基础理论》(上),山东人民出版社 2001 年版,第 185 页。

的利益,具有排他性,这种利益影响着社会组织和个人的自身存在和发展,这种利益一般会被社会组织和个人明确地意识到。“所谓行政决策就是以政府为主的公共机构,在一定时期为了实现特定的目标,通过决策成本与决策效果的比较,对社会的公私行为所作出的有选择性的制度安排。”[①]行政决策的目标是实现公共利益,然而公共利益不是简单的私人利益的叠加,也不是达成公共利益亦即私人利益的实现。行政决策不仅要满足不断变化着的公共利益需求,同样也不能忽视和损害私人利益。

2. 行政决策中的强势利益和弱势利益

基于不同群体利益目标的差异性和同一群体利益目标的一致性,就形成各种利益群体,无论是有组织的利益集团,或是松散的利益群体。“在所有国家,利益团体都履行着利益表达的功能”,[②]但由于体制、历史的原因,各个社会群体所拥有和支配的政治资源、经济资源和文化资源的不同,形成了强势利益团体和弱势利益群体。强势利益团体由于共同利益明显、利益意识强烈、组织化程度高,能有效利用其掌控的资源优势,根据利益需求极力左右行政决策,往往假借公共利益之名行集团利益之实。而弱势利益群体由于其成员构成的松散,在掌控资源中处于劣势地位,行政决策中缺少话语权,“在政治构架中缺少足够的利益代表”,[③]很难成为行政决策的受益对象,甚至成为行政决策的受损对象。强势利益集团和弱势利益群体的地位悬殊往往造成了行政决策的利益失衡,增加了社会不稳定的风险,成为引发社会群体性事件的根源。

---

① 吴鸣:《公共政策的经济学分析》,载《经济问题》2004 年第 5 期。

② [美]詹姆斯·E. 安德森:《公共决策》,唐亮译,华夏出版社 1990 年版,第 52 页。

③ 罗依平:《地方政府决策研究》,湘潭大学出版社 2011 年版,第 68 页。

3. 行政决策中的利益冲突

利益冲突源于利益的差异化,由于社会资源的稀缺,不同利益主体为了实现各自利益进行竞争,一般表现为利益争夺和利益纠纷。“所谓行政决策就是以政府为主的公共机构,在一定时期为了实现特定的目标,通过决策成本与决策效果的比较,对社会的公私行为所作出的有选择性的制度安排。”①当前中国处于整个社会的转型过程中,利益的差距愈发明显,利益的意识愈发强化,利益的冲突也愈发剧烈。行政决策必然涉及各种利益的调整,也就是利益在各种主体之间的分配。在行政决策过程,以期达到各种利益主体的满意是不现实的。任何一项决策,或者一部分主体利益获益少而另一部分主体获益多,或者一部分主体利益受损而另一部分主体获益,甚至一部分主体在行政决策中丧失利益。② 正是由于行政决策最终对利益的具体安排,各个利益主体会为了自身利益进行激烈的博弈,行政决策过程中的利益竞争、利益冲突就成为必然。行政决策应当综合考虑各种利益冲突:既不能一味地追求公共利益而忽视私人利益,也不能过度追求私人利益而有损于公共利益;既不能受制于强势利益而不顾及弱势利益,也不能完全立足于弱势利益而压制强势利益的合理要求。

(二)行政决策是一种利益过程

由于行政决策直接涉及各种不同利益的冲突,因此“政府行政决策的过程是从利益表达与利益综合开始的”。③ 对于行政决策,

---

① 吴鸣:《公共政策的经济学分析》,载《经济问题》2004 年第 5 期。

② 美国著名学者戴维·伊斯顿认为,“一项政策的实质在于通过那项政策不让一部分人享有某些东西而允许另一部分人占有它们”。参见[美]戴维·伊斯顿:《政治体系——政治学状况研究》,马清槐译,商务印书馆 1993 年版,第 123 页。

③ 贺善侃、黄德良:《现代行政决策》,上海大学出版社 2001 年版,第 164 页。

不仅要关注其利益调整结果，更要关注其对利益进行整合和取舍的过程，这样有利于更好地理解行政决策的利益本质。

1. 作为过程的行政决策

行政决策是行政过程的具体体现。行政决策不论其制定还是执行，是一个过程。以往行政法学对行政行为的研究，往往将重心放在行政处理决定（或结果）上，是一种静态、定位的考察方法。随着现代公共行政理论的进化，公私法二元论划分对现实的解释力不够，基于对传统行政法理论进行了反思，从 20 世纪 60 年代末开始，作为受德国行政法学启发的日本行政法学的发展倾向，开始批判传统的行政行为论并开始以“行政过程”为视点致力于对行政法全体问题展开研究。日本的行政法学者在此基础上于 20 世纪六七十年代率先提出了“行政过程论”。该理论提倡把行政活动作为一个动态地行政过程看待，要全面考察行政活动各种行为之间的关联性。关于行政过程的概念，各行政过程论者界定的侧重点各不相同。学界通说认为，行政过程“是指在宪法之下，行政权为达成其特定的行政目的而利用法令上、惯例上一切手段所构成的一系列程序上的连锁”。[①] 该理论认为，行政活动不是法律的“自动贩卖机”，有必要大幅度地承认裁量、在其中加入政策性的判断、与各方面产生纷争后的利害调整，是多阶段的、复合型的、创造性的连锁过程。

行政决策作为当今政府管理中最重要的一项行政行为，理应被当作一个行政过程来具体看待。而且，以“服务”为本位的新型政府在本质上也要求必须把行政决策视作一个调整和平衡各方利益的动态过程。行政决策是“具有行政决策权的组织或个人为了

---

① 江利红：《日本行政法学基础理论》，知识产权出版社 2008 年版，第 326 页。

有效地实现行政目标从多种可能的行政方案中作出选择或决定的过程”。[①] 关于决策的过程，管理学大师赫伯特·西蒙提出了管理学意义上的四个活动阶段：情报活动阶段、设计活动阶段、抉择活动阶段以及审查活动阶段，并确定了决策的步骤：确定决策目标；拟定决策方案；比较优选决策；决策实施反馈。把行政决策当成一个动态过程看待，始终以各方利益为导向，真正在最大程度上实现最广泛的社会公共利益，也在一定程度上避免或者减少了单纯以“行政行为论”为研究视角所带来的忽视各方利益主体结果的可能性。实际上，行政法学者已经从“行政过程”的角度关注行政决策的“过程”。[②]

2. 行政决策过程是利益调整与平衡的过程

行政决策表现为公共政策的制定。美国教授戴维·伊斯顿提出，公共政策是一种权威性的价值分配，“一项政策的实质在于通过那项政策不让一部分人享有某种东西而允许另一部分人享有它们。换句话说，一项政策包含着一系列分配价值的决定和行动”。[③] 实际上意味着行政决策包含两层含义：一是决策中的利益。行政决策作为权威性的价值分配是对利益的分配，“公共政策以规划结果形式呈现，指向特定的利益关系状况，并对该集体内部成员具有普遍性的意义”。[④] 二是决策中的博弈。“行政决策就是

---

① 张国庆：《公共行政学》，北京大学出版社 2007 年版，第 232 页；“行政决策本身也是一个过程。”参见戴建华：《行政决策的价值理念——以正义为中心》，国家行政学院出版社 2012 年版，第 233 页。

② 袁曙宏：《全面推进依法行政实施纲要读本》，法律出版社 2004 年版，第 127 页。

③ [美]戴维·伊斯顿：《政治体系——政治学状况研究》，马清槐译，商务印书馆 1993 年版。

④ 王静：《公共政策制定过程中的利益博弈分析——以中国房地产利益集团为例》，载《经济研究导刊》2007 年第 9 期。

各团体之间为争取自身利益而相互竞争并达成妥协的产物，是在任何既定的时间内，经由团体竞争达成的一种均衡”，这体现了行政决策过程中的各种利益的博弈。

行政决策的过程就是利益的调整过程和利益的分配过程。人类行为的基础是利益，对利益的不懈追求是社会发展的动力，人人都要实现自身利益的最大化。但由于利益的资源稀缺性，因追逐利益必然产生各种利益冲突。利益冲突在市场调节的基础上，需要行政决策进行事先地、主动地调整。利益在行政决策中的分配是一个不停调整的动态过程，“行政决策实质上是各种利益群体把自己的利益诉求投入到决策形成系统中，由决策主体依据公共利益的要求，对复杂的利益关系进行调整的过程”。[①] 决策实质是各团体之间为争取自身利益而相互竞争并达成妥协的产物，是不同偏好和利益进行表达和博弈的结果。行政决策过程本质上就是政府对各种利益的协调，对不同利益主体的利益分配。

行政决策要实现最终的利益均衡。保证政府目标的有效贯彻与执行，实现公共行政的目的，保护每个社会主体的正当利益，并维护公共利益以实现大多数人对公共利益的共享，行政决策就需要在不同利益主体之间寻找一个平衡点，减少利益冲突。因此，行政决策要调整和平衡的利益，既要反映大多数人的利益要求，又要兼顾保护少数人的正当权益。决策者在行政决策时首先不是考虑其自身利益，而是重视行政决策利益相关方的利益。面对利益主体不断分化的现实，作为行政决策的利益相关方之间也会存在利益冲突，然而强势利益集团与弱势利益群体的地位悬殊，决定了在

---

① 杨寅：《行政决策程序、监督与责任制度》，中国法制出版社 2011 年版，第 123 页。

错综复杂利益关系中存在利益表达上的失衡，决策者要提供行政决策规则来规范利益相关方之间的利益冲突，把行政决策的利益分配过程变成一个利益均衡的过程，实现不同利益主体在利益表达上的均衡，实现强势利益集团和弱势利益群体在利益结果上的均衡。"当所有利益得到考虑时，正义就产生了。"[①]

（三）行政决策中利益的实现

由于利益差别，行政决策过程中利益博弈成为不可避免的事情。"行政决策在很大程度上需要公众参与来体现利益代表和利益平衡。"[②]通过参与，实现公共利益和私人利益，防止不当利益，这是行政决策利益实现中的核心问题。[③]

1. 行政决策中公共利益的实现

行政决策中存在的公共利益作为一种公众利益，受益主体具有普遍性、不特定性和分散性，容易出现主张者缺位的问题。就个体利益而言，由于搭便车效应、公地悲剧效应，基于个体利益的精明算计，公共利益往往缺乏利益主体去主张，一般难以通过市场等私人选择机制来实现。"很多代表特定群体的公民在受邀参与公共决策后追逐特殊利益，从而导致了更广泛的公共利益的缺失。"[④]因此，公共利益在行政决策中的实现主要依赖于政府和非政府公共组织。政府和非政府公益组织所代表和维护的应该是社

---

① ［美］理查德·B. 斯图加特：《美国行政法的重构》，沈岿译，商务印书馆 2002 年版，第 131 页。

② 卢剑锋：《行政决策法治化研究》，光明日报出版社 2011 年版，第 146 页。

③ 我国地方立法已经开始体现这一精神：《重庆市政府重大决策程序规定》第 6 条，政府重大决策应当兼顾公民个人利益、社会公共利益与国家利益。《甘肃省人民政府重大决策程序暂行规则》第 3 条规定，政府重大决策以科学决策、民主决策、依法决策为基本原则，统筹兼顾国家利益、社会公共利益和公民个人利益。

④ ［美］约翰·克莱顿·托马斯：《公共决策中的公民参与》，孙柏瑛等译，中国人民大学出版社 2010 年版，第 19 页。

会公众的公共利益,政府在决策中需要通过专家参与来维护社会公众的利益,满足社会公众的利益最大化,非政府公益组织立足于自身所代表的公共利益在行政决策中积极地进行利益表达和利益主张也至关重要。

公共利益是全社会成员普惠共享的客观利益,也可以在各方主体的利益竞争中实现。“决定公共利益的途径是看组织和程序是否能满足表现并平衡利益,解决争议,在政策的制定中达成妥协以及有效执行公共政策的需要。”①行政决策的利益博弈中,只有满足各方利益需要,明确各方利益分配,才能进一步减少行政决策在实际执行中所面临的困难和压力。各方利益主体追求自身利益的自大化,积极表达自己的价值取向和建议,以公共利益为正当理由的“讨价还价”便在行政决策中展开。行政决策最终要优化各方主体的目标选择和利益取向,对各方主体利益进行整合,在各方利益妥协过程中公共利益才有效地得到了保障,公共利益是“多种利益的平衡”。②

2. 行政决策中私人利益的实现

私人利益可以在公共利益的实现中得以实现,但公共利益也不完全涵盖私人利益,私人利益在决策中具有独立地位,行政决策没有理由也不应该忽视私人利益。行政决策中的私人利益依赖于利益主体积极有效参与决策过程来实现,特别是弱势群体的利益。弱势群体的利益并不一定是公共利益,公共利益是强势主体和弱

---

① [美]詹姆斯·E. 安德森:《公共政策制定》,谢明等译,中国人民大学出版社2009年版,第162页。

② E. Gellhorn, Public Participation in Administrative Proceedings, *Yale Law Journal*, 1972, 81(3), pp. 359-360. 转引自王锡锌:《公众参与和行政过程——一个理念和制度分析的框架》,中国民主法制出版社2007年版,第28页。

势群体所共享的利益,弱势群体的利益在很多时候是被忽略的私人利益。弱势群体的私人利益是以无名、个别及分散的方式表现出来的,以个体的方式参与到行政决策中时,其个体是微不足道的,但是当他们会集到一起来参与行政决策时影响就会非常大。因此,实现弱势群体利益需要有组织的决策参与,对行政决策产生实质性影响。

在行政决策中,私人利益实现的核心是利益冲突时的处理。公共利益与私人利益冲突时,行政决策不能再一味强调公益优先、牺牲私人利益,私人利益在决策中的实现应予以保障。公共利益在行政决策中是否优先于私人利益必须从利益的“质”和“量”上进行衡量,只有公共利益远远大于私人利益并且在公共利益无其他可以替代的方式来实现时才能牺牲私人利益,如果公共利益与私人利益相当或者不是必须通过私人利益让步才能实现公共利益时,公共利益就没有优于私人利益的正当性基础。即使为了公共利益而需要私人利益让步,即以私人利益的牺牲换取公共利益的实现,由于让步而造成利益损失时,公共利益必须对受到损失的私人利益进行补偿。这种让步和补偿需要通过公法规则约束行政决策权力来实现。同样在行政决策中,私人利益之间的冲突也必须从各方主体利益的“质”和“量”上进行衡量,只有一方私人利益远远大于另一方私人利益时才能要求另一方私人利益让步,对于让步造成的利益损失,必须由获益的利益方对受到损失一方的利益进行补偿。这种让步和补偿可以通过利益谈判,借助于市场选择机制来实现。

3. 行政决策中不当利益的限制

政府自身不当利益的限制。“在任何给定的时期,所有大型社会中的决策权都典型地掌握在若干少数人手里。”①作为行政决策的决策者，政府不可避免地要成为不同利益主体的利益诉求对象，政府在行政决策中往往表现出利己偏好。政府是由一个个的官员组成，每个官员的利益总是借助于政府行为来实现。从“经济人”角度来看，政府官员也期望自身利益最大化，这在一定程度上直接影响着行政决策行为。政府是行政决策的核心主体，虽然政府是公共利益的代表，但政府也是其组织成员利益的代表，当公共利益与政府成员个人利益一致时，政府会自觉为公共利益的实现而努力，但是当公共利益和政府成员个人利益不一致时，政府的自利性动机可能导致其行政决策偏离公共利益。“行政决策者不一定总是以公共利益为首选目标，在特定的境遇下他们也可能损公肥私，利用公共权力为自己、为部门或地区谋取利益。”②因此，政府既是公共利益的实现者，又是自我利益的主体，政府具有公利性和自利性的双重特征。在行政决策中对政府成员利益缺乏有效的制约，将导致政府自利膨胀和决策变异，政府自我利益的膨胀也影响和打击社会各方利益主体参与决策的积极性。独立于政府的专家参与行政决策，发挥专家在行政决策中的公共利益表达的作用，确保非政府组织在行政决策中公共利益的代表地位，以及私人利益主体的积极参与将有效限制和遏制政府自身的不当利益。

强势集团不当利益的限制。任何社会中，都不同程度的存在各种形式的利益团体。利益团体化是实现公众参与行政决策的重要方式和途径。行政决策参与中的各种利益团体竞争，既有可能

① ［美］托马斯·R. 戴伊：《自上而下的政策制定》，鞠方安、吴忧译，中国人民大学出版社 2002 年版，第 1 页。

② 刘峰、舒绍福：《中外行政决策体制比较》，国家行政学院出版社 2008 年版，第 297 页。

实现多元利益在行政决策中的平衡,也有可能加剧行政决策中的利益失衡,甚至可能把决策演化为保护特殊利益,背离行政决策的公共利益取向。因为强势利益集团所代表的利益在行政决策中通过各种影响得以保留、固化甚至扩大,"富人集团坚信能够用钱买来影响力。"①利益集团是"为了某种共同的利益和情感的冲动所驱使而联合起来的一些公民,无论其占全部公民的数量如何,他们的利益会损害公民的权利或社会永久的总的利益"。② 实践中,行政决策往往也会通过让渡公共利益和牺牲弱势群体利益去讨好强势利益集团。在我国当前社会转型期,应防止行政决策成为强势利益集团的暴利工具,限制行政决策中强势利益集团的不当利益,这也是保障弱势群体利益在行政决策中实现的关键。基于各方利益主体参与行政决策的机会和影响力的巨大差别,因此就要在决策过程中确保有代表公共利益的独立主体参与决策、代表少数利益的弱势利益主体能平等地参与决策,"政府要创造条件来扶持他们组成维护自己利益的团体,提高其决策参与意识和利益表达能力,打破强势利益集团的垄断地位";③非政府公益组织等第三部门在行政决策中能抗衡强势利益集团,这些对于限制和消除强势利益集团的不当利益都是必需的。

二、参与是行政决策实现利益的途径

参与是一种民主理论,"参与式民主"最早是由美国学者阿诺

---

① 蔡定剑:《国外公众参与立法》,法律出版社 2005 年版,第 231 页。

② [美]汉密尔顿等:《联邦党人文集》,程逢如等译,商务印书馆 1980 年版,第 17 页。

③ 杨寅:《行政决策程序、监督与责任制度》,中国法制出版社 2011 年版,第 121 页。

德·考夫曼于 1960 年提出的。民主论的主要代表罗伯特·达尔认为,“所谓民主政治,就是全体公民广泛分享参与决策的机会,就是对政府决策过程的控制”。① 参与式民主是以直接民主为出发点,将民主从定期的选举扩展到对生活各领域的参与。本杰明·巴伯则认为,代议制民主已经失去了本应在政治实践中所具有的中心地位,沦为“弱势民主”。② 参与式民主作为一种“强势民主”,对代议制民主进行强有力的补足,使得现代民主再次回归民主的本义。“参与式民主”的核心就是公众参与。卡尔·科恩进一步明确提出了公众参与的民主理论,他认为,“民主是一种社会管理体制,在这体制中社会成员大体上能直接或间接参与影响全体成员的决策”。③ 公民广泛参与行政决策是参与式民主的集中体现。

(一)行政决策参与的实质是利益参与

然而,行政决策中的参与并不仅仅是行政决策民主的需要。行政决策参与也是以新公共服务理论为根基。新公共服务理论主张,公民应积极参行政决策,政府决策应以公民为导向,注重公民参与的重要性。“以公民为导向”的政府管理,是以公民的需求为基础,以满足公民对公共物品和特定需求为目标,重视公民参与在政府管理中地位。公民不仅仅满足于作为行政决策的对象而存在,被动地认可和接受政府的行政决策,而是强烈地在行政决策过

---

① [美]罗伯特·达尔:《论民主》,李柏光、林猛译,商务印书馆 1999 年版,第 103 页。

② 本杰明·巴伯在《强势民主》一书中,将代议制民主比作“弱势民主”,将公众参与比作“强势民主”,他认为:“强势民主常常是作为对自由主义论点的补充而不是激进的替代。”参见[美]本杰明·巴伯:《强势民主》,彭斌、吴渊洲译,吉林人民出版社 2006 年版,第 146 页。

③ [美]卡尔·科恩:《论民主》,聂学信、朱秀贤译,商务印书馆 2005 年版,第 10 页。

程中表达自己的意愿，参与行政决策全过程，使行政决策能够更充分地代表和实现其利益。“以公民为导向”的新公共服务理论认为政府只有与公民之间建立有效的沟通渠道，广泛吸收公民参与，才能避免行政决策中的政府专断和主观主义。“公民参与将会增强公民对政府行为的理解，从而会减轻人们对政府机构的批评，改善官僚遭到围攻的困境。”①

“公众参与行政决策的意义不仅在于尊重、实现公民的政治权利，更在于通过将公众的意愿和利益权重吸收到决策方案之中，行政决策在目标与内容方面会更加贴近民情和民意，更加有利于平衡各种决策考量因素，从而提高决策的质量和可行性。”②行政决策是对利益进行分配和平衡的过程，要使这个过程变得更为公平和易于接受，需要公众参与行政决策。行政决策中的参与实际上体现的就是一种利益相互协商、妥协的过程。行政决策在政府对社会事务的治理中处于核心地位，公共利益作为现代政府的首要任务，行政决策首先应满足公共利益的追求，行政决策也应平衡强势利益和弱势利益。由于当今社会的错综复杂，各种社会群体和各种利益集团有着各自的私人利益，公共利益也体现在各种私人利益之中。③ 如何实现行政决策中各种利益的平衡？多元利益主体参与是实现行政决策利益平衡的有效途径和方式。

行政决策参与是多元利益主体通过直接与政府或其他公共机

---

① [美]约翰·克莱顿·托马斯：《公共决策中的公民参与》，孙柏瑛等译，中国人民大学出版社2010年版，第115页。

② 杨寅：《行政决策程序、监督与责任制度》，中国法制出版社2011年版，第53页。

③ 事实上，公共利益和私人利益并非完全处于对立的关系，有时可以相得益彰、互蒙其利，所谓“大私至公”便包含其理。参见陈庆云：《公共政策分析》，北京大学出版社2005年版，第8页。

构互动的方式进而决定公共事务的过程,参与所强调的是决策者与受决策影响的利益相关人双向沟通和协商对话。[1] 在行政决策的利益平衡过程中,既可能有不特定多数人的公共利益目标,也可能有特定相对少数人的利益诉求;既可能有作为强势集团的利益主张,也可能有弱势群体的利益要求。然而,现实是,政府是公共利益的代表,但公共利益的实现不能仅依赖于政府的自觉;代表多数人利益的集团会极力参与和影响决策,弱势群体的利益往往得不到有效表达,少数人的利益诉求往往缺乏有效参与而被忽视。行政决策的参与,使多元利益主体能够在公共事务领域内表达利益要求,不仅表达公共利益,也应表达私人利益,更要表达弱势群体的利益。行政决策过程中,多元利益主体通过各种方式对行政决策产生直接或间接的影响,尽可能实现自我利益的最大化,使自身利益得到最大程度的满足。因此,在现代社会里,多元主体的利益要求和意愿表达是行政决策的前提,而多元利益主体对行政决策的广泛参与,更加有利于保证行政决策正确反映社会各种利益要求,预防和减少行政决策的社会不稳定风险。

行政决策的参与实质上是利益参与,参与是利益沟通的一种方式。[2] 在行政决策中,往往利益方面的问题是主要矛盾,应当使

---

① 参见蔡定剑:《公众参与及其在中国的发展》,载《团结》2009 年第 4 期。王锡锌教授认为,公众参与是“在行政立法和决策过程中,政府相关主体通过鼓励允许利害关系人和社会公众,就决策和立法所涉及公共利益相关的重大问题,以表达意见、提供信息、阐述利益诉求、发表评论等方式参与立法和决策的过程,并进而提升行政立法和决策正当性、公正性和合理性的一系列制度和机制”。参见王锡锌:《行政过程中公众参与的制度实践》,中国法制出版社 2008 年版,第 2 页。

② 参见周佑勇:《行政裁量治理研究——一种功能主义的立场》,法律出版社 2008 年版,第 170 页。

不同利益诉求得到表达的机会。[①]

(二)法治视角下的决策参与

当前我国的行政决策,尽管有大量决策参与的政策、法规和实践,但“中国行政决策制定的权力主要集中于党、人大和政府,公民个人事实上很难真正参与决策制定”,[②]并且由于其参与实效性缺陷而日益遭遇公信力危机。各种行政决策中参与是“走过场”,导致决策参与在各地日益形式化和虚化。各级官员对传统的管制型封闭决策模式存在很强的依赖,对于开放决策模式存在误解甚至抵触,参与成为在原有行政决策模式上的逢场作戏。在“逢听必涨”的价格决策中,决策参与者对政府吸纳民意的失望心态不断强化。我们正面临着决策中的“实效性瓶颈”,而作为新生事物的决策参与也面临着“实质性死亡”的威胁。[③] 如何提高参与对行政决策的有效性?行政决策参与的实现还是应当从行政决策的利益本质出发和充分发挥法治在行政决策参与中的作用。

我国非制度化的决策参与有诸多不理性之处。在行政决策出现的“走过场”是各级官员对旧制度的依赖和对新制度的误解所共同造成的,当然也有宏观的制度不配套以及公众参与能力不足

---

① 同样的观点参见朱芒:《论我国目前公众参与的制度空间——以城市规划听证会为对象的粗略分析》,载《中国法学》2004 年第 3 期。谢立斌也主张建立基于利益的公众参与制度,行政决策对自由权的影响越大,则行政机关越有义务接受公众参与、利害关系人越有权利参与决策,自由权为行政决策中公众参与的宪法依据。参见谢立斌:《公众参与的宪法基础》,载《法学论坛》2011 年第 4 期。

② 刘峰、舒绍福:《中外行政决策体制比较》,国家行政学院出版社 2008 年版,第 106 页。

③ 参见田飞龙:《公众参与:由制度原理到制度细节》,载《群众·决策资讯》2013 年第 1 期。

的原因。[①] 其中,行政决策权力的法治制约还远远不够。

行政权力不再是一种单纯“发号施令”的权力,“这种公共权力绝对不能因它的起源而被认为合法,而只能因它依照法律规则所作的服务而被认为合法”。[②] 长期以来我们政府的根本宗旨尽管是“为人民服务”,但在政府的具体行为过程中,“为人民服务”的宗旨因缺少法治而一直没有得到完全的践行和贯彻。[③] 法治不仅是行政决策权力的来源,也是行政决策权力实施的基础。“在依法行政从形式合法向实质合法的深化过程中,依法决策也必须从注重形式上的遵守法定程序向实质上决策的合理性转化。”[④]行政决策参与不能仅仅考虑短期的轰动效应,而应该着眼于长期的法治建设。“遵守一个理性的法定程序,在很大程度上可以有效避免决策失误所带来的巨大社会损失。”[⑤]

通过法治设计,行政决策中多元利益的保障可以利用不同利益主体之间的相互制衡、牵制来达成,而不能把所有的希望寄托在决策者的自律上。以法治为基础的行政决策参与应当是通过公开、开放的程序获取相关利益诉求,并听取专业意见,达到协商互动的方式形成最终决策。“程序不是为了限制权力本身,而是在于限制决策恣意。”[⑥]因此要求“行政机关在作出决策时,必须全面收

---

① 参见田飞龙:《公众参与:由制度原理到制度细节》,载《群众·决策资讯》2013年第1期。

② [法]狄骥:《宪法论》(第2版序言),商务印书馆1962年版,第8页。

③ 李传军:《管理主义政府模式的终结——从管理行政到服务行政》,中国人民大学出版社2004年版,第160页。

④ 金国坤:《行政决策法治化是依法行政至高境界》,载《法制日报》2010年4月19日,第6版。

⑤ 杨寅:《行政决策程序、监督与责任制度》,中国法制出版社2011年版,第80~81页。

⑥ 孙笑侠:《程序的法理》,商务印书馆2005年版,第279页。

集各种有利的和不利的、密切相关的和一般相关的信息资料，行政机关不应根据自己的偏好收集、选择片面的材料”。[①] 法治就意味着参与者的意见能被决策吸纳。公众参与的理论先驱安斯坦明确指出，“公众参与是一种公民权力的运用，是一种权力的再分配，它使目前在政治、经济中，无法掌握权力的民众，其意见在未来能有计划地被加以考虑”。[②] 法治就意味着构建决策的刚性程序制度。行政决策机关提供参与机会，让公众或其代表对行政决策提供意见或施加影响。[③] 行政决策的程序体现为参与者与决策者进行互动、对话和协商，参与者以合法的形式影响决策者的最终决策。对行政决策过程的参与进行相应法律制度保障在一些西方国家受到极大的重视，如行政程序法的一个重要内容就是规定行政机关在制定规范性文件、确定行政计划等重大决策时，要充分尊重利害关系人的意见表达，充分听取利害关系人的意见。构建和实施行政决策的法律制度是实现决策参与的法治根基。

（三）以法治实现行政决策的利益平衡

决策与法具有价值取向的一致性，[④]依靠法治实现行政决策中的利益平衡。法治的机制是最大可能排除人治的负面影响，由于政府机构及其官员本身所具有的内在利益扩张冲动，只靠表面上的轰轰烈烈难以长期奏效，行政决策需要建立外部的法治制约机制，把行政决策纳入法治的轨道，这是依法行政向纵深发展的体

---

① 戴建华：《行政决策的价值理念——以正义为中心》，国家行政学院出版社2012年版，第236页。

② 转引自王名扬：《美国行政法》，中国法制出版社1995年版，第858页。

③ 参见马英娟：《行政决策中公众参与机制的设计》，载《服务型政府和行政法》，浙江工商大学出版社2009年版，第435页。

④ 参见孙秀君：《决策法学》，人民法院出版社2000年版，第17页。

现和至高境界。[1]

行政决策的利益平衡需要构建一个完善的行政决策法治机制,实现决策各方利益主体的利益竞争。由于“对行政决策进行实体法律控制无论从政治角度,还是从技术角度来讲都显得困难重重”。[2] 因此,要通过程序规则,确保各种利益主体都能够有效参与决策过程,确保各方利益都能够在决策过程中充分表达,确保政府以各方利益主体的意见为基础作出决策。通过法律制度将各种利益进行有效的平衡与制约,通过法律制度确保决策中的代表弱势利益的主体能与代表强势利益的利益集团具有平等的意愿表达机会,“这就需要一套完善的法律框架,只有在这套法律框架下,在各个利益集团的参与下,尤其是确保弱势利益群体的有效参与下,才能达到相对的平衡”。[3] 各方主体之间的利益协商是建构依法决策的前提,各方主体之间的利益博弈是决策法治的内在要素。法治不仅为不同利益主体在决策过程中提供博弈的轨道,而且使各方主体的利益博弈能在法定的规则和程序下进行,保证博弈的结果是在公平规则和程序下形成。“利益的各方都能借助法律保障自身不受其他权力或利益主体的侵犯,从遵守规则中可以获得利益。多元利益的冲突、竞争妥协、共存的全过程都需要规则,并要达到规则的至上性。”[4]法治机制既能有效地解决行政决策不同利益之间的冲突和矛盾,也能保护弱势主体的正当利益。法治是利益妥协的结果,“法治秩序的形成是彼此冲突的各方不得不选择

① 金国坤:《行政决策法治化是依法行政至高境界》,载《法制日报》2010 年 4 月 19 日,第 6 版。

② 杨寅:《行政决策程序、监督与责任制度》,中国法制出版社 2011 年版,第 82 页。

③ 徐文新:《专家、利益集团与公共参与》,载《法律科学》2012 年第 3 期。

④ 叶传星:《利益多元化与法治秩序》,载《法律科学》1997 年第 4 期。

一个次佳方案”。[①] 只有法治机制才能为不同利益主体之间的相互沟通和交流、竞争与合作提供制度平台，使行政决策中的利益冲突通过一种平和理性的方式得到处理，避免暴力冲突。

行政决策的法治机制是一种动态的博弈过程。在博弈过程中，利益妥协、利益让步等方式规范在法律秩序范围内进行。行政决策的利益实质就意味着利益妥协是决策过程中不可避免也不可或缺的一环，因为“妥协的意思就是用这样一个规范来解决冲突，它既不完全符合一方的利益但也并不完全违背另一方的利益”。[②] 利益妥协的结果就是利益均衡，是以法律规制为手段的利益妥协形成利益均衡。建立在法治基础上的利益让步体现为一种公平的博弈过程，利益让步不是无原则的妥协或者让步，不是纯粹以公共利益优于私人利益而产生的让步，也不是牺牲弱势群体利益而产生的让步，而是建立在尊重决策各方利益的基础上的让步，是建立在实现决策利益均衡结果上的让步。满意决策是在综合各种利益要求的基础上形成。[③] 从某种意义上来讲，利益均衡就是以法律规制为手段的利益让步形成利益均衡。

实现行政决策的利益平衡需要完善而有效的法律制度设计。首先，行政决策利益平衡的前提是决策信息的公开透明，决策前如果没有事先的信息充分公开与背景信息说明，随后决策中的利益意愿表达就只能是盲人摸象，各方利益主体的博弈也只能是形式上的走过场。实现行政决策的利益平衡需要构建和完善行政决策

① [美]R. M. 昂格尔：《现代社会中的法律》，吴玉章、周汉华译，译林出版社 2001 年版，第 71 ~ 72 页。

② [奥]凯尔森：《法与国家的一般理论》，沈宗灵译，中国大百科全书出版社 1996 年版，第 320 页。

③ 陈振明：《公共政策分析》，中国人民大学出版社 2003 年版，第 118 页。

信息公开和说明理由的制度设计。其次,行政决策的利益平衡依赖于行政决策各方利益主体的程序参与。决策中的局面是利益主张众说纷纭、利益协调众口难调,而具有内在价值的程序可以满足应付这种局面的要求。① 各方利益主体参与决策的程序需要根据决策内容的复杂程度、决策过程的不同阶段以及决策利益的影响来确定,例如,一些决策只需要通过弱形式的"公告评论"程序,而一些决策就需要通过强形式的正式听证会。② 无论采取何种决策程序,都要保障各方利益主体参与权的实现。最后,发挥专家在行政决策利益平衡中的作用。当前专家在行政决策中出现的种种弊端主要在于缺乏相关法律制度的规范,存在专家参与决策失败的情况:专家俘虏;"专家管见"与"专家专制";专家越位。③ 专家在行政决策中的参与由于缺乏统一的法律规范,各个地方、各个部门对于专家参与决策不仅适用范围、参与程序各不相同,而且法律地位、参与效力迥然各异,甚至一些行政决策借专家决策之名行部门利益之实。因此,法律制度应确保专家以独立于政府的身份参与行政决策,充分发挥独立专家在行政决策中专业权威的独特地位,为各方利益主体科学理性的讨价还价提供基础。④

行政决策是各种利益诉求输入决策系统,并通过公共政策得以表达和体现。在行政决策的机制中,多元利益主体通过一定方

---

① 参见孙笑侠:《程序的法理》,商务印书馆2005年版,第27页。

② 参见田飞龙:《公众参与:由制度原理到制度细节》,载《群众·决策资讯》2013年第1期。

③ 参见徐文新:《专家、利益集团与公共参与》,载《法律科学》2012年第3期。

④ "专家权威是一种建立在科学理性基础上异于传统强制性的知识话语权。正因为如此,使得专家能够达到行政机关所达不到的效果,专家可以借助其独特的位置,通过说理、分析等科学理性的方式在行政机关、利益集团以及民众之间进行沟通、交流,最终为促成各方的妥协提供可能。"参见徐文新:《专家、利益集团与公共参与》,载《法律科学》2012年第3期。

式影响和输入利益诉求,实现对决策的参与。(1)行政决策中的利益表达机制。利益表达是指由各方利益主体在行政决策的过程中享有充分表达自身的利益要求的机会。建立公平的、开放的、多向度的利益表达机制,为各方利益主体提供公平的利益表达平台,引导各方利益主体理性合法地表达利益要求。(2)行政决策中的利益对峙机制。不同利益主张得以充分表达,实现利益诉求的公开化对峙。对峙式的行政决策参与机制能最大限度地使决策趋向理性,在行政决策过程中引入相峙信息的程序,充分发挥决策者及参与者的积极性、主动性,进行论辩和质疑,减少或遏制决策者个人偏好和失误。(3)行政决策中的利益回应机制。健全政府对各方利益主体表达意愿的平等回应,决策结果能公正地反映各方利益主体的利益,特别是加强对弱势群体的利益保护。(4)行政决策中的利益补偿机制。由于决策带来的受损利益,根据特别损害理论,提供最低限度正义的利益补偿,特别注重利益受损主体在行政决策中的事前参与。行政决策必须确立诚实信用原则。由于行政决策的随意,已经造成行政信用缺失、政府言而无信,当决策者考虑政绩多、考虑民生少时,造成决策目标事与愿违。"全面关闭"决策的风行即为行政决策无诚信的表现,一旦某行业的一个具体组织出了事,有关政府就会立刻出台整个行业"全面关闭"的决策。如一些地方关闭电子游戏业的决策、一个城市所有桑拿浴室被勒令停业的决策,一个地方网吧失火政府就全面封杀所有网吧的决策等。行政决策确立诚实信用原则就是要求非经法定事由和程序不得随意决策或改变决策,即使确须决策或变更时,也应充分考虑到对社会公众利益的损害,并采取损害最小的措施,将社会公众利益的损害减少到最小,即使不可避免会造成损害,也应当给予补偿。

第三章　行政决策参与的法律规范

从封闭行政决策到开放行政决策，从决策的无序参与到有序参与，在当今这个利益多元化、公民意识不断觉醒的社会背景下，国家与社会的关系被重新认识，行政决策参与已成为一种不可逆转的趋势。行政决策参与既是一种政府自上而下的行政改革，也是一种自下而上的社会要求，更是实现行政决策民主化、科学化的必要路径。

一、我国行政决策参与的立法概况

我国目前还没有颁布统一的行政程序法或行政决策法[1]来规范行政决策的参与，但国务院分别于2004年发布的《全面推进依法行政实施

---

① 国务院法制办公室副主任袁曙宏2014年11月6日在国务院新闻办召开的新闻发布会上指出，要形成内在统一的行政程序法，还要有一个比较长的过程，目前正在制定重大行政决策程序条例。

纲要》、2008 年发布的《国务院关于加强市县政府依法行政的决定》以及 2010 年发布的《国务院关于加强法治政府建设的意见》中都将完善行政决策参与机制作为一项重要内容，要求建立公众参与、专家论证和政府决定相结合的行政决策机制。

在全国范围内，地方省级政府的行政决策立法开始于 2004 年，截至 2014 年 8 月，共有 13 个省、自治区、直辖市的人民政府以国务院《全面推进依法行政实施纲要》等文件为指导，针对重大事项（或行政）决策的参与问题进行立法（见表 3－1）。由于参与行政决策其实是对政府决策权力的限制，为实现决策法治化的目标，有必要将决策参与制度用法律固定下来，以法律的刚性保证行政决策中的参与能落到实处。

表 3－1　行政决策地方立法概况

	地区	规章名称	实施日期
1	重庆	重庆市行政决策听证暂行办法	2004 年 7 月 1 日
2	四川	四川省人民政府重大决策专家咨询论证实施办法（试行）	2004 年 12 月 27 日
3	重庆	重庆市政府重大决策程序规定	2006 年 1 月 1 日
4	甘肃	甘肃省人民政府重大决策程序暂行规则	2007 年 5 月 1 日
5	广西	广西壮族自治区行政机关重大决策程序暂行规定	2008 年 1 月 1 日
6	天津	天津市人民政府重大事项决策程序规则	2008 年 7 月 1 日
7	江西	江西省县级以上人民政府重大行政决策程序规定	2008 年 10 月 1 日
8	湖南	湖南省行政程序规定（第三章　行政决策程序）	2008 年 10 月 1 日

续表

	地区	规章名称	实施日期
9	云南	云南省人民政府重大决策听证制度实施办法	2009年3月1日
10	青海	青海省人民政府重大行政决策程序规定	2009年4月1日
11	湖南	湖南省人民政府重大行政决策专家咨询论证办法	2011年7月30日
12	山东	山东省行政程序规定(第三章　重大行政决策程序)	2012年1月1日
13	广东	广东省重大行政决策专家咨询论证办法(试行)	2012年4月27日

二、我国行政决策参与的立法背景与价值分析

我国地方将近一半的省级政府出台规章对行政决策参与进行立法不是偶然的，这不仅仅是中央的要求，而是与当下的社会转型有关，社会转型给行政决策带来了许多新的挑战，参与行政决策是迎接挑战的直接体现。

(一)行政决策参与的立法背景

1. 利益多元化

在计划经济时代，利益的多元化被掩盖，忽视利益的差别，抑制了公众主动决策的积极性。改革开放带来巨大变革，市场经济发展促进了社会利益的多元化格局。由于“行政决策过程就是在各个不同利益主体之间进行利益分配、调和的过程”。[①] 因此社会利益多元化的特征是决策者必须重视的问题。“从总体来说，利益分化使国家、地方、单位、群体、个体都成为一级利益主体即具有相

---

① 魏建新：《论利益相关方参与行政决策》，载《河北法学》2014年第6期。

对独立的利益的代表者。”[①]政府一直都是以作为公共利益的维护者自居的，其中中央政府代表国家利益，具有长期性和稳定性，地方政府代表本行政区域的共同利益。与政府对应的各种利益代表组织，如行业协会、代表各类弱势群体利益的社会团体、各类公益、非营利的组织等，此外还有私益主体，包括公民、法人和其他组织，都具有独立的利益要求。多元化的利益主体就呈现出一种主体繁多、层次复杂的现状。

行政决策有可能会促成临时利益共同体的形成，也可能加剧了各种利益主体间的冲突。“经济人”的理论解释了利益主体具有维护自身利益的强烈意愿和各种行动，而社会资源的有限性和利益此消彼长的特点，使利益冲突在所难免，行政决策在分配利益中要确保利益均衡。完整全面的利益表达将为决策者提供更多的决策依据，使行政决策对利益的分配更加合理，“建立和完善各利益群体的利益表达渠道是公共政策制定成败的关键”。[②] 开通、拓宽、通畅利益主体的表达渠道，使利益表达程序化、法定化，鼓励利益组织化的表达，参与行政决策，使其对行政决策更有针对性和影响力。

2. 公民参与意识增强

伴随着中国法治的进步，公民意识也逐步强化。公民意识的核心是公民身份意识和参与意识。“公民身份是指公民在法律上的角色，特指在公民社会中，个人作为参与或监督国家公权力运行

---

① 何海兵：《当代中国社会利益分化研究综述》，载《上海行政学院学报》2003 年第 12 期。

② 何显明：《优化政策过程构建社会和谐的长效机制》，载《中共浙江省党校学报》2005 年第 3 期。

的独立主体的一种身份。"[①]公民的身份意识决定了公民的身份、地位应该得到国家的承认与尊重。公民的参与意识,主要是指"公民作为政治共同体的成员,具有积极参与(包括直接参与和间接参与)公权力运行的主人意识,实质上也是一种践行权利的意识"。[②]这是对公民参与权的运用和维护,公民有权参与到国家权力的运作中,因为国家权力的运行对公民权益的实现有着决定性的影响。

公民意识的觉醒让公民有了更强烈的参与行政决策的欲望和要求,整个行政决策的运行过程都是以公民为基础的,在行政决策中表现为公民的意见应得到充分的表达并作为决策的重要依据。公民要求参与行政决策的程序、方式来表达自己的意愿和要求,以保证行政决策是为公众的利益而不是政府或某个群体的私益。

3. 建设服务型政府

在计划经济时代,命令式管理是政府管理的主要方式,随着市场经济体系的完善,建设"服务型政府"成为我国政府改革的重要目标。服务型政府是对传统政府管理体制的突破。"服务型政府"是指在公民本位、社会本位理念指导下,在整个社会民主秩序的框架下,通过法定程序,按照公民意志组建起来的以为公民服务为宗旨并承担服务责任的政府。[③] 在传统的行政决策体制中,政府常常忽视公众的意愿,以精英设计替代公众参与,公众对政府决策的影响力十分有限,然而少数精英的判断不可能完全替代社会公众的利益需求。

---

① 冯留建:《从政府治理模式的演变看现代公民意识的培育》,载《云南社会科学》2008 年第 6 期。

② 胡弘弘:《论公民意识的内涵》,载《江汉大学学报》2005 年第 2 期。

③ 刘熙瑞:《服务型政府——经济全球化背景下中国政府改革的目标选择》,载《中国行政管理》2002 年第 7 期。

公民是服务型政府的核心，公民的意愿要在行政决策中得到体现，行政决策就应该反映公民的利益诉求。服务型政府要求开放式的行政决策制度，即为公民提供通畅的表达渠道，在公众广泛参与的基础上政府与公众进行有效地民主协商，共同决策。在这个过程中，政府最重要的任务是要为参与决策的各方利益代表，特别是弱势群体，提供一个可以公开、公正、平等的表达自己意见、交换意见的平台，以确保政府作出的行政决策服务于公众利益。

（二）行政决策参与的价值分析

“决定与政策是在决策过程中许多参与者进行讨价还价和达成妥协的结果。”[①]行政决策参与不仅能提升行政决策的理性，也能弥补行政决策的正当性不足。

1. 参与提升行政决策的理性

决策的信息是贯穿于整个决策的全过程。管理学大师西蒙曾指出，在作出重大行政决策的过程中，信息输入的正确与否、数量多少、是否具有代表性是关键因素。信息是决策的生命之源，专业的技术与良好的信息共同构成了行政决策的核心。[②] 根据有限理性理论，决策者在行政决策中的理性是一种有限理性，决策者不可能掌握与行政决策相关的所有信息，也不可能在有限的时间内对决策的所有相关信息进行处理。行政决策实现理性的根据就在于决策者掌握的信息的多少以及分析信息的能力。有限理性的核心是决策者对于即将要展开的决策无法做到全面知晓与掌握决策的相关信息，预知每个决策方案可能出现的结果，决策者往

---

① [美]詹姆斯·E. 安德森：《公共政策制定》，谢明等译，中国人民大学出版社 2009 年版，第 147 页。

② 参见[美]詹姆斯·W. 费斯勒、[美]唐纳德·F. 凯特尔：《公共行政学新论：行政过程的政治》，陈振明、朱芳芳等译，中国人民大学出版社 2002 年版，第 251 页。

往是凭自己的主观认识,借助于知识经验和专业工具来进行决策,并且受制于个人的价值观和各种利益需求影响。信息本身特有的性质即信息的失真性,特别是如今组织层级结构的增加,部门的繁多,信息在传递的过程中会出现偏离的情况,那么只依赖于组织结构内部的信息传递是有限的。获取信息的有限性导致行政决策出现偏差甚至重大失误,当今社会的风险性,更是增加了行政决策的不确定性和未知性。参与将会为政府的政策制定提供最直接的信息,行政决策的落脚点就是公共利益,公民从自身角度提供的相关信息,当然是最有价值的和最具有代表性的,可以减少在决策判断上的失误,可以在很大程度上弥补行政决策的有限理性。

行政决策不仅要依赖于专家参与的理性来防范自然风险和社会风险,更要决策利益相关主体参与决策,收集更为全面的信息来提高决策的理性。通过参与,政府可以尽快地发现哪些决策是必需的、是紧迫的,哪些决策是可以暂缓进行;通过参与,从中可以发现公民的利益倾向,了解社会组织对待决策的态度倾向,充分认识到各种组织和社会民众中隐藏的利益需求,使决策的确立具有精确性;通过参与,可以降低决策信息的获取成本,减少信息的失真程度;通过参与,使信息在政府和多元利益主体之间得到有效沟通,政府和多元利益主体共同的参与讨论、反复论证和修改决策的合作和协商的过程,可以弥补政府决策的失误和有限理性。

及时发现和确认政策问题是制定行政政策的第一步,也是其中最为关键的一步。这是因为“要想成功地解决问题,就必须对真正的问题找到正确的方案。我们经历的失败常常更多的是因为解决了错误的问题,而不是因为我们为真正的问题找到错误的解决方案”。[①] 参与是行政决策理性的开始。

2. 参与弥补行政决策的正当性不足

“政府的合法性来源于人民的合意,而不是强制力。”[②]行政决策如何实现“正当性”,行政法的传统模式是通过传送带理论和行政专家理性来实现的。其一,代表民意的立法机关具有正当性,其制定出明确的法律规则,这作为行政机关行为的唯一依据,行政机关通过无任何自由裁量的严格执行法律规则实施行政管理,行政决策也因此从立法这一“传送带”获得正当性。其二,行政机关是被视为具有丰富管理经验和专业技术知识的行政专家所组成,行政机关在采用何种方式或手段来实现公共目标行政管理上,享有完全的自由裁量权并得到立法的容忍和司法的尊重,行政决策的正当性经由行政专家的理性而获得。

不过随着社会的发展,行政法的传统模式也面临着新的挑战。进入现代行政国家,社会事务日趋复杂,政府对社会生活的介入越来越广泛的表现为行政权的不断扩张,立法再也难以对所有的行政管理事项进行事无巨细的规定,法律规则“经常性地而不是例外地表现出明显的宽泛和不具体”。[③] 行政机关不再是简单地像传送带一样执行体现民意的立法,而是拥有广泛的自由裁量权,尤其是在行政决策这种需要自由裁量的复杂活动中,要面对各种竞争性的价值和利益进行决策,而实践中行政机关自由裁量权的泛滥成为行政决策过程无法避免的事实,行政决策已经不能从立法的

① [美]威廉·N. 邓恩:《公共政策分析导论》,谢明等译,中国人民大学出版社2001年版,第155页。

② [美]托马斯·R. 戴伊:《自上而下的政策制定》,鞠方安、吴忧译,中国人民大学出版社2002年版,第18页。

③ [美]理查德·B. 斯图加特:《美国行政法的重构》,沈岿译,商务印书馆2002年版,第12页。

"传送带"上获得足够的正当性。在社会利益分化和诉求日趋复杂的情况下,行政决策将面临越来越多的利益平衡的问题,而作为行政专家的政府在决策价值判断上并不必然具有优势,甚至可能陷入权力寻租的泥潭或成为部门利益俘虏的对象,在专家理性的名义下裹挟着私利。由于行政决策中公共利益的模糊标准和社会多元利益要求的复杂相冲突,仅仅寄托于行政决策的专家理性是很不可靠的,行政决策的正当性严重不足。①

在传送带理论和行政专家理性对行政决策正当性供给不足的情况下,将多元利益主体引入行政过程、直接参与行政决策便成了必要的选择。行政决策的形成过程中为所有可能受影响的利益主体提供了参与的机会,就可以通过这些参与者的协商而达成所有人都能接受的共识。"在越来越'政治化'的行政过程中,由于行政权的行使不可避免地涉及各种利益的权衡和选择,这种权力行使的合法化,在很大程度上将依赖于各种利益的充分代表和有效参与。"②参与能有效弥补行政决策的正当性不足问题。一方面,参与实现行政决策的结果正当。行政决策本质上是不同偏好和利益进行表达和博弈的结果。行政决策结果的正当性,是行政机关与利益主体之间、利益主体各方之间的相互协调、妥协和沟通,是行政决策的结果包含了各方相对一致的意见。行政机关从参与中获得更多的利益诉求,行政裁量权的专横滥用受到抑制,从而实现决策结果的正当性。另一方面,参与实现行政决策的过程正当。

---

① "政府及其公共政策是致力于实现社会公共利益,还是仅仅为少数人、少数集团的特殊利益服务。政府及其公共政策实现公共利益的能力和程度,是判断和评价政府及其政策的正当性、有效性的基本标准。"参见赵成根:《民主与公共决策研究》,黑龙江人民出版社 2000 年版,第 107 页。

② 王锡锌:《公众参与和行政过程——一个理念和制度分析的框架》,中国民主法制出版社 2007 年版,第 5 页。

行政决策视为一种行政过程，"将行政过程视为一种政治过程，通过向这一过程注入更多的民主化要素，而使行政过程及其结果获得合法性"。[①] 虽然行政决策相关利益主体对决策结果没有决定权，但相关利益主体在参与的过程中进行利益的表达、沟通、协商来达成决策共识，可以使得参与者通过参与行为带来的心理感受和暗示，"有一种被尊重的满足感"，[②]由参与过程带来多元主体对决策结果的认同感，"以尊重民意的姿态和彰显决策的民主性来获得政策的正当性"，[③]实现行政决策的过程正当。"公众有效利用参与的机会，使公共行政管理者回应他们的要求，在此情形下，公众可视为机关的拥护者。"[④]

三、利益是行政决策参与立法的核心

行政决策本质上是对利益的调解与分配，在地方规章中，利益因素是分析行政决策参与的重要工具。

（一）行政决策中的利益

在我国的法律文本中有一个不成文的规律，在几个并列内容中以其排列的先后顺序判断几个内容的重要性，位置越是靠前的内容则越为重要。根据这个规律，我们来简单对比一下重庆和甘肃的规定。《重庆市政府重大决策程序规定》第 6 条规定，政府重

---

① 王锡锌：《依法行政是行政合法化的充分条件吗？》，载《法学杂志》2011 年第 1 期。

② 许文惠、张成福、孙柏瑛：《行政决策学》，中国人民大学出版社 1997 年版，第 31 页。

③ 杨寅：《行政决策程序、监督与责任制度》，中国法制出版社 2011 年版，第 97 页。

④ ［美］戴维·H. 罗森布鲁姆、［美］罗伯特·S. 克拉夫丘克、［美］德博拉·戈德曼·罗森布鲁姆：《公共行政学：管理、政治和法律的途径》（第五版），张成福等译，中国人民大学出版社 2002 年版，第 475 页。

大决策应当统筹兼顾公民个人利益、社会公共利益与国家利益。《甘肃省人民政府重大决策程序暂行规则》第 3 条规定,政府重大决策应当统筹兼顾国家利益、社会公共利益和公民个人利益。个人利益、社会公共利益、国家利益的不同排序决定了当各种利益发生冲突时以哪种利益优先。

将国家利益排在第一顺位体现了国家利益的最高性。国家利益是多种利益的集合,代表的是所有国民的共同利益因而优于其他个人和集体的利益,国家利益的最高性在世界范围内形成普遍共识。国家利益在普遍性方面与公共利益有一定程度的重叠,但公共利益不能包含国家利益的全部内容。公共利益是整体上的普遍利益。社会共同体虽是由众多个体公民组成,但社会公共利益并不能视为个人利益的简单集合,因为不同个体之间可能存在个人利益的冲突,公共利益的存在正是为了解决这种冲突,由个人利益上升至公共利益本身便是一个利益取舍、协调与妥协的过程。反过来说,个人是讨论利益的起点,因此只有将公共利益还原到个人才能体现其价值。在为公共利益而做的行政决策中要注重决策的透明和公众的公开参与,展开民主协商、论证利益的公共性,才能成为公共利益优位于个人利益的基础。在行政决策中运用"比例原则",尽可能实现公共利益与个人利益的双赢,且应对个人利益的损害给予补偿。

(二)行政决策中的利益代表

在如何做到"均衡利益代表"方面地方规章是如何规定的呢?以听证程序为例,都在不同程度上规定了持不同意见的利益代表的参加和表达。地方规章对行政决策中利益代表在不同程度上实现均衡(见表 3-2)。

表 3－2 行政决策的参与主体

类型	条文内容
1. 征求决策事项涉及的有关部门、单位的不同意见	《天津市人民政府重大事项决策程序规则》第 13 条规定，承办单位初步拟定决策方案后，应当按照决策事项涉及的范围，征求市人民政府有关部门和单位的意见，对不同意见进行协商……
	《江西省县级以上人民政府重大行政决策程序规定》第 14 条规定，县级以上人民政府应当建立政府重大行政决策协调制度。有关部门对决策方案草案有不同意见的，由决策承办单位主要负责人进行协调……
2. 根据听证事项的性质、复杂程度及影响范围确定各方面利益参加听证的代表	《广西壮族自治区行政机关重大决策程序暂行规定》第 19 条规定，重大决策事项需要听证的，按照下列要求进行：……（二）根据听证事项的性质、复杂程度及影响范围，合理确定各方面利益代表参加听证。
3. 听证代表应有决策事项涉及的利害关系人的代表和社会普通公众代表	《云南省人民政府重大决策听证制度实施办法》第 9 条规定，听证代表应当具有广泛性和代表性，主要从以下人员中产生：（一）重大决策事项涉及的利害关系人代表；（二）社会普通公众代表……
4. 听证会上不同利益代表、不同意见各方在听证代表中的比例大致相当	《重庆市行政决策听证暂行办法》第 14 条第 2 款规定，参加听证会的不同利益关系各方或不同意见各方的听证陈述人人数应当大致相等。
	《山东省行政程序规定》第 34 条规定，与听证事项有利害关系的公民、法人和其他组织，可以申请参加听证会。决策事项承办单位应当根据听证公告确定的条件、受理申请的先后顺序和持不同意见人员比例相当的原则，合理确定参加人……

在第一种类型中征求意见的对象仅限于重大决策事项涉及的有关部门、单位，而没有对公众开放；第二种类型以利益相关作为参加听证的前提；第三种类型除有利害关系的听证代表之外，还从公共利益的普遍性出发，扩大听取普通公众的意见；第四种类型侧重于均衡不同意见的代表比例，以保证听证意见的公正性。

（三）行政决策中的利益协商

在不同利益主体之间形成平等、有效的协商是行政决策参与的核心，经过协商程序形成的行政决策在执行是可以获得广泛的认同，其中各方利益代表能够充分表达意见是有效协商的前提。平等有效协商是传统行政决策模式所不具有的。协商式行政决策的核心理念是，“行政主体和与行政活动具有各种利益关系的其他主体之间，可以通过信息交流、理性协商的方式来理解彼此的关注和立场，并在这种相互倾听和交流的基础上，调整各自的诉求，以寻求共识和合意”。[①] 地方规章对行政决策中的利益协商是一种行政内部的协调机制（见表3－3）。

表3－3 行政决策的步骤

类型	条文内容
拟订备选方案	《重庆市政府重大决策程序规定》第13条规定，决策承办单位……对需要进行多方案比较研究的问题或者存在争议经协商仍达不成一致意见的事项，应当根据公众、专家或部门的不同主张拟订两个以上决策备选方案。
	《甘肃省人民政府重大决策程序暂行规则》第6条规定，决策提出与承办单位……对需要进行多方案比较研究的问题或者存在争议经协商仍达不成一致意见的事项，应当根据不同意见拟订两个以上决策备选方案。
	《广西壮族自治区行政机关重大决策程序暂行规定》第10条规定……对需要进行多方案比较研究或者经协商意见不一致的事项，应当拟订两个以上决策备选方案。
	《天津市人民政府重大事项决策程序规则》第11条规定，承办单位……对需要进行多方案比较研究的问题或者存在争议经协商不能达成一致的事项，应当根据公众、专家或部门的不同主张，拟定两个以上决策方案备选。

① 王锡锌：《公众参与和行政过程——一个理念和制度分析的框架》，中国民主法制出版社2007年版，第285页。

续表

类型	条文内容
内部协调	《天津市人民政府重大事项决策程序规则》第13条规定,承办单位初步拟定决策方案后……征求市人民政府有关部门和单位的意见,对不同意见进行协商,经协商仍不能达成一致的,报请市人民政府副市长进行协调。
	《江西省县级以上人民政府重大行政决策程序规定》第14条规定……有关部门对决策方案草案有不同意见的,由决策承办单位主要负责人进行协调,达成一致意见;不能达成一致意见的,提请政府有关副秘书长或者办公厅(室)副主任、秘书长或者办公厅(室)主任主持协调;仍不能达成一致意见的,由政府分管领导主持协调。
形成决策方案	《湖南省行政程序规定》第34条规定,决策承办单位……按照决策事项涉及的范围征求有关方面意见,充分协商协调,形成决策方案草案。
	《山东省行政程序规定》第28条规定,决策事项承办单位……按照决策事项涉及的范围征求有关方面意见,充分协商协调,结合实际拟定决策方案。

对于行政决策事项一般都会有反对的意见和理由,行政决策中不同的利益代表从自身的利益出发会有不同的意见,这些意见之间可能存在强烈的冲突,也可能容易达成方向性的一致而各有侧重。内部协调制度的特点就是将听取意见的范围缩小至有关部门,而不再向公众开放,且由政府主管领导主导协调。协调的结果是对仍不能达成一致的问题拟定多个决策备选方案,最后由政府全体会议或常务会议讨论决定;或经充分协商协调后形成决策方案。行政决策的参与不仅仅是政府部门的内部参与,也应该有行政系统外的公众参与。

行政决策的外部参与是社会各方利益能在决策过程中充分表达,在政府的主导下进行协商、让步、妥协、坚持,最后由政府进行权衡协调以制定出最终的行政决策决定。

四、对行政决策参与的法律保障

行政决策参与的真正落实需要法律制度保障。不仅体现参与主体在行政决策启动中的建议权,也体现为决策者对参与主体利益表达的回应,更体现为从法律责任上决策参与有法律约束力。

(一)行政决策的启动

马克斯·韦伯提出的官僚制理论认为,官僚制应具有明显的科层等级结构,公务人员要严格按照程序规范办事,达到最高的办事效率,下级对上级要绝对地服从。① 之所以说官僚制阻碍着公众参与行政决策制度的建设,是因为官僚制表现出来的行政决策单向性与行政决策民主化的价值追求是相悖的。官僚体制的行政决策是一种精英主义模式,强调掌握权力的精英集团在行政决策过程中的主导地位和作用,由精英集团判断社会公共利益。精英主义的决策模式呈现出单方决策的特征,极大地阻碍行政体系外部的多元利益主体对行政决策的利益诉求,也容易导致行政决策的狭隘与失误,这种模式由于过于简单而难以适应高度复杂的社会现实。②

行政决策启动的关键是行政决策事项的建议,进入决策的建议来自于行政系统内部还是外部直接影响行政决策参与的实现。我国地方规章对有权提出政府重大决策事项建议的主体以行政系统内部为主,兼顾行政系统外的公民、法人或其他组织(见表3-4)。

---

① [英]戴维·赫尔德:《民主的模式》,燕继荣等译,中央编译出版社2008年版,第163页。

② “封闭系统下的政府行政决策在面对外部现代化社会下科学化、系统化的冲击、法治国家下民众权利意识勃兴的冲击、风险社会下复杂多变风险的冲击时,暴露出反应缓慢迟钝、效率低下,决策能力较低和资源不足、决策结果正当性下滑等诸多问题。”参见栗燕杰:《行政决策法治化探究》,中国法制出版社2011年版,第86页。

表 3 – 4　行政决策的建议主体

条文	决策建议主体
《甘肃省人民政府重大决策程序暂行规则》第 5 条第 2 款	市州政府；省政府组成部门；直属机构、特设机构、办事机构、派出机构；法律法规授权履行行政管理职能的机构；其他有关单位
《天津市人民政府重大事项决策程序规则》第 6 条	市长、副市长和秘书长；市人民政府组成部门；市人民政府直属机构、特设机构和办事机构；各区、县人民政府；其他国家机关、民主党派或人民团体、企业事业单位、社会团体及公民
《江西省县级以上人民政府重大行政决策程序规定》第 6 条	政府所属工作部门或者下一级人民政府；政府分管领导；政府行政首长；人大代表、政协委员；公民、法人或者其他组织
《湖南省行政程序规定》第 32 条	政府工作部门；下级人民政府；公民、法人或者其他组织
《青海省人民政府重大行政决策程序规定》第 8 条、第 9 条、第 10 条	省长、副省长、秘书长、副秘书长；省政府有关部门、西宁市、各自治州人民政府、海东行署；省人大代表、省政协委员；公民、法人和其他组织

通过对省级规章的整理可见其中只有少数地区，如天津、江西、湖南、青海等地的规范性文件中明确了行政系统外的人大代表、政协委员、公民、组织提出行政决策建议的渠道，但仍存在门槛过高的问题，例如，《江西省县级以上人民政府重大行政决策程序规定》第 6 条明确规定，政府所属工作部门或者下一级人民政府、政府分管领导、政府行政首长提出的决策建议很容易能进入决策程序，而人大代表、政协委员通过建议、提案方式提出的决策建议，由有关部门研究提出意见，经政府分管领导审核后报政府首长确定进入决策程序，公民和组织提出决策建议，需要政府办公室审查后将合理的建议征求相关部门意见，经分管领导审核后报政府首长确定进入决策程序，这些程序环节的复杂都为公众参与行政决

策设置了一定障碍。

（二）利益组织的行政决策参与

"利益组织"是一种团结的力量。公众参与行政决策制定的动力是维护自身利益，然而不能否认这些个人利益在某个范围内存在着共性，这是分散的利益个体可以组织化的基础。分散的利益个体较之利益组织化的利益主体的影响力要势弱很多，常在利益博弈中处于劣势。而分散的利益经过整合集中之后的共同利益诉求的表达会使参与更加有效，这是"利益组织化"的现实需要和优势。经组织的利益共同体对每一个加入者来说都大大增强了其在经济、资源、信息等方面的实力，同时分担了参与行政决策的成本，如聘请专家提供专业意见的费用等。经组织化的利益主体在诉求表达上也更具理性，整合了每个加入者的利益诉求、协调了组织内部的利益冲突后的意见表达具有更高的针对性和可参考价值，更容易引起决策机关的重视，进而提升对行政决策的影响，如此则更激励利益主体采取实际行动进行参与，形成公众参与的良性循环，避免了"搭便车"的心理。

我国地方规章中对行政决策中的利益组织有所体现，但并不明显（见表3-5）。

表3-5 行政决策中的听取意见与建议

条文	利益组织的参与
《天津市人民政府重大事项决策程序规则》第19条	市人民政府讨论决定重大事项决策前……直接听取民主党派、人民团体、专家学者等方面的意见和建议
《青海省人民政府重大行政决策程序规定》第16条	省政府在审定决策方案、草案前……征求省政府参事、省人大代表、政协委员、民主党派、群众团体、专家学者等社会各界的意见和建议，作为决策的依据

在地方规章中所指的“民主党派”、“人民团体”、“群众团体”实际上是代表着某类社会群体的利益，在决策前听取这些组织的意见实际上涉及利益组织的参与表达，这些组织可以直接就重大事项决策提出建议和意见，而且政府应当重视他们的建议，要进行研究并将结果给予反馈。但是根据《社会团体登记管理条例》，社会团体的准入规定在很大程度上限制了社会团体的成立。此外，还有一些利益诉求未能依法成立的组织——“草根组织”，由于其没有合法地位，很难在行政决策中表达利益，但这并不意味着“草根组织”的意见可以被忽略，“草根组织”反映了一部分社会群体的迫切需要，共同利益把分散个体联系起来，但在行政决策中缺少“草根组织”有效的表达渠道，易使矛盾激化成“群体性事件”。行政决策应该鼓励、促进分散利益主体的组织化，使各利益代表能够在正当程序的规制内表达其利益诉求，既能有效降低决策参与的成本，更能使决策的利益分配均衡。

（三）行政决策参与的政府回应

政府对行政决策过程中各方意见的回应在2008年《国务院关于加强市县政府依法行政的决定》和2010年《国务院关于加强法治政府建设的意见》中都有明确要求，“作出重大决策前，要广泛听取、充分吸收各方面意见，意见采纳情况及其理由要以适当形式反馈或者公布”。政府对行政决策中的民意反馈是民主参与、民主决策的重要体现，同时也是确保决策参与有效性的体现。行政决策中政府对民意的反馈尤其是对未予采纳意见的理由说明，就成为公众有效参与行政决策的一个标志。政府对决策中民意的反馈有利于增强公众参与行政决策的积极性，在政府与公民之间建立有效的沟通和互动，提高公民对政府行政决策的认同程度。

通过梳理各地关于政府对公众意见的采纳与反馈的规定，主要可以分为以下四个方面：第一，在听证程序中制作听证笔录及听证纪要，内容要包括对听证事项的意见分歧和对听证意见的处理建议。第二，提交给政府全体会议或者政府常务会议审议的决策事项报送的资料中应当包含有关机关和社会公众意见的综合资料及采纳情况。第三，政府对公众意见的采纳情况形成报告：对所征集的意见进行归类整理，提出对合理意见的采纳及对不采纳的意见说明理由。第四，在重大决策公示内容中应包括反馈意见的方式和时间、公众意见及采纳情况。

不足之处在于虽然制定了公众意见的吸收和反馈制度，但没有突出民意的地位，没有体现民意对行政决策做出的重要影响力。听证笔录也只是作为行政决策的参考依据而被淹没在众多决策依据之中。如果引入《行政许可法》中所确立的听证“案卷排他性”原则，会有助于提升行政决策的法治化程度。

（四）违反行政决策参与的责任

在2008年发布的《国务院关于加强市县政府依法行政的决定》中强调，建立行政决策责任追究制度，坚决制止和纠正超越法定权限、违反法定程序的决策行为。对应当听证而未听证的、未经合法性审查或者经审查不合法的、未经集体讨论做出决策的，要依照《行政机关公务员处分条例》对负有领导责任的公务员给予处分。建立有效的责任追究制度有利于促进行政决策过程的实体与程序法律制度的落实，因而是公众参与行政决策的支持性制度。

对妨碍公众参与行政决策的责任追究在一般的地方规章中鲜有规定，而《云南省人民政府重大决策听证制度实施办法》第19条对此规定比较明确，监察部门对违反重大决策有关规定实施问责：（一）决策机关应当听证而未听证的、无正当理由不采纳合理意见和建议的、未答复听证申请，造成不良影响的；（二）听证机关在公告听证事项、遴选听证代表、主持听证会议、撰写听证报告和办理听证事务的过程中,违反规定,造成不良影响,或者听证报告严重失实的;等等。对妨碍公众参与行政决策的责任主要是一种行政责任,但责任追究更多是一种宣示意义,缺乏实质性的责任承担机制。行政决策参与涉及公民的知情权、参与权和监督权,而问责规定缺乏与公民权利救济的衔接。现有的行政法律体系中公民权利的救济途径是行政复议和行政诉讼,然而受到《行政复议法》和《行政诉讼法》受案范围的限制和对行政决策性质界定的争议,使公众参与行政决策缺乏有效的监督与责任机制。若没有承担不利后果的风险,公众参与便少了一道事后的保障,对行政决策机关及相关责任人的行政责任的追究也成了行政体系内部的自律和自我控制而在公信力上大大减弱。

第四章　行政决策的听证

听证是行政决策参与中的最重要途径。行政决策听证是针对涉及重大公共利益或者群体利益的特定事项，需要通过协商、整合才能最终做出决策的一种听证。听证是公众参与行政决策的基本形式。如果说“行政决策的作出实质上就是公权力的行使”，[①]那么行政决策中的听证就是公权力在行使过程中和私权利的一次协商、摄入和消化。随着法治化的进展，政府由管理型政府逐渐转向服务型政府，这个角色的转化要求政府在行使国家公权力的时候要足够充分地考虑权利的意志取向，让权利来引导权力的步伐。行政决策听证中，利益相关人与决策机关的零距离接触和直接对话，一改往常政府与公民地位相差悬殊的现状，体现了还政于民的理念。

---

① 刘峰、舒绍福：《中外行政决策体制比较》，国家行政学院出版社2008年版，第9页。

一、行政决策听证:从国外到国内

行政决策听证制度并不是我国土生土长的,而是一件舶来品,是一种法律移植。听证制度源自国外,最早可以在英国法的自然公正原则里找到根源。今天的听证制度已成为众多国家和地区的重要的民主性制度。

(一)行政决策听证的意义

决策听证制度从本质上说是一种程序制度,是听证规则应用于决策的法律制度。决策是一种特殊的行为,把听证制度与决策行为结合起来,是民主的必然要求,是法治的基本内涵,是在建设我国社会主义市场经济中政府职能转变的必然趋势。[①] 一定程度上,听证制度正在成为社会各界了解乃至参与决策、提高决策的民主性和科学性、促进政府职能转变、实现政府依法决策的一个平台。听证本质上就是参与,而参与本身就是表达意志、监督权力、优化决策。听证制度在我国确立不久,尚存有诸多待完善之处,在决策中引入听证制度更需要我们在实践中不断探索,不断总结。程序性制度的缺陷势必直接影响决策的正当性。决策机关作出影响公民权益的决定时,必须承担公平行政的义务,赋予当事人表达意见的机会,这已是现代法治社会的题中之意。听证制度是公众向决策机关陈述意见,递交证据和决策机关听取意见和接纳证据的制度。为了保证听证目的实现,遵循公开原则相当必要。在听证过程中,听证参加人向主持听证的机关陈述意见,表达自己的愿望,为了支持自己的观点,必须提供必要的证据材料。在听证活动

---

① 魏建新:《论我国行政决策听证制度的完善》,载《云南行政学院学报》2005 年第 3 期。

中，其中对处于决策结果不利地位的听证参加人而言，听证就意味着拥有某种意义的防卫权，通过听证，利益可能受到影响的听证代表可以获得“防卫”的机会，可以通过出示证据，支持自己的主张，反驳对自己不利的主张，从而使自己的合法权益得到有效的保障。这种防卫权的行使使得听证活动不是由某一方面来垄断发言权，而是使程序活动成为一个理性对话的过程，所有程序参加者都必须通过事实与理由沟通、说服，最后的结论必须直接依据这一过程中已经被接受了的事实和理由做出。在决策事项复杂的听证中，更应当确保听证过程的合理性。例如，在价格决策的听证中，行政主体、经营者和消费者之间的信息严重不对称，所以要强制性要求公用事业领域的垄断企业公开有关信息，并由消费者选择和委托评估机构对要求提价的企业的成本进行核算和评估，听证会上讨论的方案应该事先公开，并建立对听证代表意见的回应机制，在最终决策时以附带前言性文字说明理由。①

（二）国外行政决策听证的考察

每个国家基于其不同法系背景在行政决策听证制度上的设计往往是“和而不同”，在法制设计理念上虽然共同遵循着民主性、科学性的理念，但是因其具体国情差异和法律传统的不一，具体操作上有着诸多不同。

美国是行政决策听证的集大成者。1946 年美国《联邦行政程序法》的颁布，首次以成文法形式明确了行政决策听证是重大行政决策的一个不可缺少的环节，即以听证为原则，以不听证为例外。这些例外主要涉及国防、外交秘密以及行政机关内部管理等不需

① 刘东生、蒋安杰：《行政决策听证任重而道远》，载《法制日报》2003 年 12 月 18 日。

要听证的事务。在行政决策听证主持人上,美国有专门的行政法院作为决策听证主持人的人才储备库。在听证形式上美国《联邦行政程序法》有着明细的划分:正式听证、非正式听证、混合听证的划分,以此来适应不同的听证需要;在听证过程是否公开上遵循以公开为原则,不公开为例外;在听证笔录的法律效力上,美国《联邦行政程序法》规定了正式听证中的听证笔录对行政决策作出具有法律拘束力。

德国的行政决策听证制度有其独有特点。行政决策听证范围并不像日、美国家那样广泛,其听证范围有一定的限定,通过法律规范的形式对具体听证事项作了明确的规定。听证主持人采用的是行政机关担任的模式,但是主持听证的行政机关只享有组织听证的权利,并没有被赋予实质的决策决定权。在听证程序设计上,更强调行政效率,而并不过多的关注形式的正规和严谨性,主要以非正式的听证形式为主;在听证笔录效力上,并不绝对适用案卷排他制度,大多数只是参考的依据,除非有法律的明文规定,《德国联邦行政程序法》第69条规定,"官署应当斟酌全部程序的结果,决定之"。

日本的行政决策听证制度实际上是英美法系和大陆法系的"混血儿",其规定兼有两者的特点。在听证范围上,它适用于政府的各种决策过程中,这与美国是相似的;听证主持的人的选任及权限、听证是否公开进行、听证笔录的效力程度上与德国的模式又有着相通之处。

尽管美德日的行政决策听证各有特色,但其制度设置是为了促进政府科学地行使行政决策权,同时也给公民、组织等私权利主体参与决策权力过程提供了有效的渠道,推进了行政决策的科学化和民主化。

(三)行政决策听证引入我国

我国行政决策听证制度是法律移植的结果。如果非要从“法律继承性”的角度来找点我国行政决策听证的历史渊源,那么西周时期的“两造俱备”、“听狱之两辞”、“五听”(其一是听辞,听其言辞)以及“兼听则明”思想和制度的传承,可算得上是听证的根源。

1990年深圳市成立了全国第一个“价格咨询委员会”,这是我国引进听证制度的雏形,之后的1996年,《行政处罚法》将听证制度纳入了行政执法程序,1998年的《价格法》将听证制度引入了价格决策领域,2000年的《立法法》又将听证制度引入立法领域。至今大多数的地方政府都制定了专门性的规章来确定行政决策听证,例如《云南省人民政府重大决策听证制度实施办法》、《重庆市行政决策听证暂行办法》、《汕头市人民政府行政决策听证规定》、《重庆市行政决策听证暂行办法》、《大连市重大行政决策听证办法》等。中央相关部门也制定了行政决策听证的各种规章,以此来落实听证制度,例如国家环保总局所制定的《环境保护行政许可听证暂行办法》、国土资源部制定的《国土资源听证规定》、国家食品药品监督管理局制定的《国家食品药品监督管理局听证规则(试行)》等。

与立法上的“繁荣”相反,我国的行政决策听证制度在实施中存在疑似水土不服的种种迹象,其主要表现在:行政决策听证适用范围的限定,目前还是主要限于定价、环境保护、城市规划等领域,存在涉及重大公共利益的行政决策应当听证而未要求听证的问题;我国目前缺乏高层次的统一的相关法律法规去规范行政决策听证的进行,地方政府“各自为政”,形态各异,听证的程序规则各不相同;听证代表、主持人的遴选方式上的不佳,直接影响听证制度的最终效果;决策听证笔录法律效力低下甚至毫无法律约束力,决策听证过程中的程序不透明、不公正等，都极大影响了我国行政决策听证制度的进一步发展。

二、行政决策听证的利益基础

“经济基础决定上层建筑”，这里的“经济”在一定程度上可以理解为利益。“利益是我们唯一的推动力”，①当然这里所说的利益是广义上的利益，是指凡是自认为对其是有意义的事项都可以看作利益，包括但不限于经济、政治、文化等利益。利益格局决定着国家的立法、决策、政策等的制定方式。行政决策听证内容必须要反映社会主流利益的要求，否则行政决策就不能获得社会普遍认同的。

（一）权利主体的利益表达

权利主体是与权力主体相对应的，它主要包括自然人、企事业单位、社会其他组织等，其在权力行使中的利益表达必须要借助一定的平台。这个平台是多种多样的，常见的有座谈会、问卷调查、走访和上访、网络民意以及听证会等形式等，这些制度化与非制度话并存的机制都成为行政决策中的利益表达平台。

座谈会形式是从目标群体中选取部分成员，决策层通过听取他们的关于讨论话题的观点和意见来作为作出决策的参考因素之一，这种形式简单灵活、气氛轻松活跃，官民互动程度高，是行政决策民主的重要渠道。但这种形式有其不足之处，座谈会形式往往参加人数较少，一般以不公开为原则；座谈会代表的产生往往是政府通过邀请的途径，不具有代表性，会上的大多谈论只是简单的观

---

① 北京大学哲学系外国哲学史教研室：《十八世纪法国哲学》，商务印书馆 1963 年版，第 537 页。

点论述,对抗性较弱。问卷调查形式由于其调查内容的提前设置,因而具有针对性,针对的调查人群基数较大,可以成千上万,但这种形式由于问题的提前设置和书面化,因而社会民众不能彻底、准确、完整地表达自己的利益观点,也不能形成有效的利益对峙。走访上访的形式,具有针对性、直接性,但是成本过高,形成的意见通常也不具有代表性。网络民意调查具有成本低、效率高、覆盖广的特点,但是由于我国还是互联网发展中的国家,不发达地区的网络覆盖率低,加之现在网络"水军"充斥带来的网络伪民意,网络调查所汇成的利益观点有所失真。

行政决策的听证能够与上述的各种利益表达形式形成有效地互补,首先,表现为它是一个被制度化的利益表达机制。制度化的听证有着严格的规范要求,这些特点是当前座谈会、问卷调查、走访等形式所无法比拟的;其次,一个健全的、运行良好的听证具有问题解决的针对性,具有面对面的抗辩性、社会的监督性,具有民意代表的普遍性,而且往往在听证会上所汇集的民意能直接作为政府机关作出行政决策的依据甚至是排他性依据。

(二)利益主体的对话与协商

行政决策听证是权利主体利益表达的渠道之一,但这并不是行政决策听证所具有的最重要意义;行政决策听证更深层的意义是为不同利益主体提供了相互充分博弈的平台。行政决策能否协调好绝大多数的主体利益,关乎一项决策的生命力,也体现出决策者的行政能力。政府在做出决策之前要尽量让各利益主体展开充分的协商和对话,以实现各自的利益最大化。

以利益主体可支配的社会资源的多寡,我们大致可以把利益主体分为政府利益、强势的利益集团以及弱势利益群体。他们各自有着不同的利益倾向,政府具有社会众多的资源调配能力,代表着全社会的利益，但是由于当前社会结构的不完善，政府部门与部门之间、政府与外界群体之间有着不同程度的私自利益，在决策过程中政府及其部门有可能维持或者扩大其自身利益。强势利益集团与决策机关往往联系最为紧密，在决策过程中有着相当分量的话语权，他们往往可以通过不同的渠道和途径将自己的意志输送给决策机关，以便行政决策能够维护甚至促进其特殊利益。弱势群体所拥有的社会资源相对于前两者特别有限，弱势群体通常包括贫困农民、城市农民工、城市失业下岗人群以及生理缺陷的人们，其在行政决策过程中话语微弱，没有足够地位去维护正当利益，在整个利益分割与划分的过程当中处于绝对的劣势地位，其影响行政决策的力量是虚弱的。

在各种利益交织的情形下，大家都希望行政决策能够更好地为自己的利益服务，这时就需要一个利益对话与协商的平台，在这个平台上，不区分社会地位，利益主体各方以平等的地位与均量的话语权进行博弈，充分表达自己的利益诉求，通过讨价还价来达成相对的利益均衡。

（三）决策者的利益选择与整合

当前社会存在各种社会利益的冲突，"从社会经济条件出发承认并且认识社会利益动荡和社会利益均衡问题，尽可能的调整好利益体系的内部矛盾关系，把利益冲突减少到最低限度，尽可能的保持利益体系的稳定和利益格局的平衡"。[①] 行政决策要调整好各方主体的利益，一个重要的前提就是决策者必须充分地了解各方的利益。在行政决策听证过程中各个利益方充分博弈，通过观察分析不同利益主体的意见阐述与对其他利益主体观点的反驳，

① 王伟光：《利益论》，中国社会科学出版社 2010 年版，第 228 页。

能够充分地了解利益主体之间的利益冲突所在。作出决策过程中就必须权衡之，以求最佳的均衡各种利益，听证会正是提供了这样的一个利益均衡的平台，供利益主体对话与协商，供决策者分析判断，进行利益选择与整合。当然，决策者在对利益进行选择与整合中也要实现行政公平，政府在做出决策的过程中不仅要听取并满足那些强势者的利益诉求，也要平等地甚至更多地给弱势群体表达诉求的机会，并且在决策中体现出对弱势群体利益的对等保护。“行政决策实质上就是法律赋予行政主体在权衡各种利益关系的基础上作出选择判断的权力。”①

三、行政决策听证的施行

（一）行政决策听证的适用范围

听证适用于涉及多种利益冲突并且需要行政机关运用裁量权的行政决策领域，若不直接涉及利益冲突的、纯粹的技术性决策或者涉及需要保密的事项，这些行政决策通常不采用听证会的形式。

1. 启用听证会的基本思路

不仅行政决策的内容要进行成本收益分析，②而且行政决策适用听证也应遵循成本与收效的衡量。行政决策是政府的重要行政行为，决策听证则是行政行为过程中的重要程序，是多数行政决策的重要组成部分。从行政法角度上看，行政决策听证必须要遵循比例原则，“行政机关在行使公权力过程中要进行利益衡量以得以确认实施该行为可能取得的公益会大于私益；只有认为该行为

---

① 戴建华：《行政决策的价值理念——以正义为中心》，国家行政学院出版社2012年版，第263页。

② 杨寅：《行政决策程序、监督与责任制度》，中国法制出版社2011年版，第113页。

对于达到相应行政目的或目标是有必要的、必需的才能实施。”①从这个维度看行政决策的听证，政府机关就必须考虑手段与目标之间的关系，采用听证手段是不是实现行政目标的最优选择，倘若采用其他手段相比较来说的效果最好、成本最小，那么就不采用听证的方式。

从经济学意义上看，行政决策是否听证还必须考量举行听证所花费的成本与在听证中实际所获取的收效。听证成本主要由听证过程中所必须花费的各种人力、物力成本所构成。人力成本是指听证代表、主持人、听证专家以及其他参与者的投入；物力成本是保障会议进行的其他配套设施等资金上的投入，包括与会人员的误工费、交通费、住宿费、听证专家的相关酬劳费用以及保障会议进行所花费的其他必要费用等。听证的收效就是通过举行听证从而收获的各种综合性的效益，包括法治、社会、经济等层面的正面影响的增加。所以在考虑行政决策是否要进行听证时，就有必要将这些成本和收效进行量化，以确定成本投入是否值得。

当然这里值得深思的是，量化后的收效到底要比成本高多少才能启动听证程序？笔者认为这个幅度差距不能一概而论，应该采取不同情况不同对待的原则，例如在侧重关注行政效益时，这就需要思考加入听证环节是否会冲击行政决策权行使的效率？成本大于（不管是显著还是略微）收效的，就不应该启动听证程序。而在侧重关注程序正义、实体公正时（通常是在重大行政决策领域内），通过花费略高的成本来换取法治进步，这都是值得的，因为我们不能因为代价昂贵而停滞法治步伐。

---

① 姜明安：《行政法与行政诉讼法》，北京大学出版社2008年版，第71页。

2. 行政决策听证的适用情形

国外行政决策的听证范围主要以美、德、日为典型，美国《联邦程序法》规定了听证程序基本是所有的行政决策的必经程序，日本的范围的规定上是相似于美国的，范围广泛，“日本的听证制度广泛适用于政府各类决策领域。大到国会委员会审查案，小到行政机关制定命令，均可适用听证程序”，[①]并且坚持不利处分的听证制度；德国的听证范围是有限的，即法定的事情才必须进行听证，法律之外的事项是否听证并没有强制性的规定。这些国家的范围之所以不同，主要是由于自身国情不同，法治发展特色、法律思维习惯的差异的结果。

我国当前行政决策听证领域过于狭窄，主要限定于价格决策、行政立法、城市规划等领域。行政决策听证规范位阶较低，缺乏统一的高位阶的规范性文件，大多数的部门、省区及市都各自制定了自己的行政决策听证办法，对听证范围的规定主要是限定性列举，列举形式是大多数地方政府制定决策听证实施办法时所采用的模式。当然也有少数政府在规定其行政决策听证时采用的是一种概括的模式，例如《武汉市人民政府重大行政决策事项听证办法（试行）》是采用概括式的规定，其第 3 条规定，“市人民政府对于社会涉及面广、与人民群众利益密切相关的重大行政决策事项，需组织举行听证……”列举模式虽然具有了可操作性，但是由于限定范围有限，使得在现实生活中很少能把所有行政决策事项完全列举，使得一些行政决策中的利益实现不能获得听证这个平台，不利于对现实利益的保护。在概括模式中，政府显然拥有巨大的自由裁量

---

① 《部分国家和地区行政听证制度之八——日本行政听证制度》，载国家发展与改革委员会网：http://www.ndrc.gov.cn/fzgggz/jggl/zhdt/200705/t20070518_747192.html，2018 年 5 月 17 日访问。

空间，可以“任意”决定一项行政决策是否举行听证，这样很可能出现两个极端：一是有可能使进入听证程序的决策数量少之又少，不利于各种利益的表达和博弈；二是有可能决策者滥用听证制度，使得听证频繁举行，导致行政效率较低、决策成本过高。

根据是否启动听证程序的原则以及现实当中所存在的主要行政决策的类型并借鉴国外的成熟做法，行政决策中不需要听证的情形是：根据利益均衡原则，涉及公共利益、国家安全、保密、紧急情况、个人隐私等情况的，在利益衡量时必须舍去一种低位利益，这些类型是不需要举行听证的；根据成本与收效衡量原则、客观决断原则，涉及一些非重大的行政决策、羁束行政不涉及裁量权的决策、纯技术型的决策行为等，涉及这些事项的决策通常也无听证的必要。除了上述不适用的情形外，其他行政决策原则上都应当采用听证会的形式。

（二）行政决策听证的主体

行政决策听证中的最为关键的主体是听证主持人和参与听证的听证代表。从利益角度看，听证主持人的确定思路应遵循利益中立原则或利益无涉原则，而听证代表的确定思路应遵循利益多元化原则和代表性原则。

1. 听证主持人的挑选

行政决策的做出其实是对利益格局的一种分配，或肯定或否定，或加大或减少或维持特定利益；行政决策中的听证的设置便是形成这种利益格局之前的一场利益群体的利益比赛。我们知道，一场比赛中，必须要有个吹哨者——组织者这个角色，决定比赛的进程，分配各方进攻的机会。这个吹哨者必须中立，自站在这个吹哨者的角色上那一刻起，组织者就不再隶属于任何一方利益，不受他们的各种诱惑与威胁，不受利益集团的左右，只遵从比赛规则。

听证主持人就是利益比赛中的“吹哨者”。正如伯纳德·施瓦茨教授所言,“如同法院的法官所作的裁决一样,行政官员在听证中所作的裁决也必须由公正、超党派的审讯官作出”。[①]

综观我国当前的决策听证规范,对于听证主持人的选择大都是由行政机关的工作人员或指派人员担任。例如,《政府制定价格听证办法》第7条规定,听证会主持人由政府价格主管部门的工作人员兼任;《广州市重大行政决策听证试行办法》第6条规定,听证主持人由听证组织部门行政首长或者主管法制工作的领导担任;《大连市重大行政决策听证办法》第8条规定,听证主持人由听证机关指定;2010年《南昌市人民政府重大行政决策听证办法》第6条规定,听证主持人是指决策承办单位指定负责主持听证会的人员,一般由决策承办单位相关负责人担任;《惠州市重大行政决策听证办法》第6条规定,听证主持人由一名市领导担任;诸如此类规定。

由行政机关或者相关机关的内部人员担任听证主持人或者它指派的人担任听证主持人,在行政决策过程中实际上是“既当裁判员又当运动员”,这不免让人产生利益不中立的怀疑。因为这类主持人与行政机关“利益”上的挂钩,很难处于超脱的中立地位,须要去完善听证主持人制度。当然从成本的角度来说,设定新的主持人制度的成本较高,收效短时间内不明显,但是从中国法治发展的进程和长远效果来看,听证环节已实实在在成为国家政治生活的最重要的不可缺少的组成部分,听证主持人的制度创新非常有必要。美国的听证主持人由专门的行政法官来担当,这对我国构建中立的主持人制度是很有借鉴意义的,可以参照美国行政法官

---

① [美]伯纳德·施瓦茨:《行政法》,徐炳译,群众出版社1986年版,第28页。

制度，设立专门的听证委员会。当然目前由于法律资源的有限，设置这样一个专门委员会比较困难时，可以交由具有相关资质的社会法律机构承办或者选取品德、业务兼优的法律工作者组建全国的听证主持人库，需要听证的时候，随机抽取，比较好的保持了行政决策中的利益中立地位，而不受决策机关或者决策中利益各方的左右，当听证主持人出现利益倾向的情况，可以设置相应的回避制度，通过采取听证各方利益主体申请回避的方式确保听证主持人的利益中立。

2. 听证代表的确定

行政决策听证不是政府导演的舞台，也不是媒体表演的场地，更不是官民相互理解的茶话会，它是一个利益的竞技场，是听证代表所代表着的各方利益博弈的平台。为了避免听证会成为"民主秀"，行政机关责无旁贷，但是听证代表的选拔也是一场真正意义上的听证会的必要条件。"代表就其本意而言，其必要性仅在于规模庞大的群体或组织为了决策的时效性，需要'少数'来'代表'全体。"①但是这样并不一定说明这些少数一定能够很好地代表群体，听证代表应当是"由另一个人或一些人选出，代表或维护这些人利益的人"。② 听证代表的确定中，"推选出的'少数'是否代表推选人的利益，是否具备决策的品质和能力"③就显得至关重要。

我国当前在确定行政决策听证代表时面临着一系列的问题。一方面是制度上存在不足。例如《大连市重大行政决策听证办

---

① 薛冰、岳成浩：《论行政决策听证代表的遴选——基于商谈理论的视角》，载《中国行政管理》2011 年第 8 期。

② ［英］戴维·米勒、［英］韦农·波格丹诺、邓正来：《布莱克维尔政治学百科全书》，中国政法大学出版社 1992 年版，第 648 页。

③ 薛冰、岳成浩：《论行政决策听证代表的遴选——基于商谈理论的视角》，载《中国行政管理》2011 年第 8 期。

法》第 7 条第 2 款规定，“听证代表，是指符合报名条件、被听证机关选定并公布的公民、法人和其他组织，听证机关根据需要特别邀请的有关专家、人大代表、政协委员及其他有关人员，听证代表一般不少于 10 人”。这里面对于听证代表的遴选方式规定得笼统不清楚，实际可操作性不强，容易导致决策机关包办听证代表。另一方面，大多数地方规范在制度层面已经比较健全，但也存在问题。例如《广州市重大行政决策听证试行办法》规定，听证代表可以通过个人报名遴选、委托有关社会团体推选、听证机关邀请等方式产生；《汕尾市人民政府重大行政决策听证制度》规定，听证会代表应当具有一定的广泛性、代表性，一般由利益相关单位代表、人大代表、政协委员、群众代表及相关方面的专家组成；《贺州市人民政府重大行政决策听证制度》规定，陈述人（听证代表）由下列方式产生：一是随机选取，或听证实施单位委托或组织推荐，二是听证实施单位聘请；《汕头市人民政府行政决策听证规定》规定，公众陈述人（听证代表）的选择确定：申请或推荐产生；听证组织机关确定；听证组织机关邀请。在具体的操作层面上也出现了问题，由于决策听证实施机关的裁量权过大，也出现了听证代表成为自己人。例如成都听证代表“专业户”，连续 7 年 19 次被抽签确定为各种行政决策听证会的听证代表，这就不免让人会怀疑听证代表是否由行政机关内定。单单靠诸如抽签等方式来选拔代表，这是一种很懒惰的做法，虽然保证了形式上的公正与平等，但这样产生的代表是否有足够的能力去代表他们的利益群体，是否能够得到该利益群体的大多数成员的接受，仍然要打一个问号。抽签违反了听证代表最基本的“代表性”要求，随机产生的代表实质上不能代表某一群体的真正利益。

行政决策听证代表的确定必须体现着利益的多元化、代表性。

利益的多元化，要求听证代表归属上的差异性，即他们应该是来自不同的利益群体，忠贞不贰地代表着自己群体的根本利益，为了本群体利益的维持、扩大、新增去与其他利益体进行博弈。听证代表的代表性要求听证代表要具有能够良好地代表本利益群体的能力，包括具备相关知识、辩论能力、发现问题思考问题的能力和良好人格品质，应属于利益群体内的“精英”人员。从法律制度层面要继续完善听证代表的遴选制度，确保听证代表能代表多元利益。

（三）行政决策听证的实施

“在中国，行政决策的提出、承办、专家论证和公众参与的组织、合法性审查、集体审议的主体都是行政机关。”[①]在行政决策的听证环节也是由行政机关控制或主导。从听证会的启动，听证组织机关的指定，听证主持人、听证员、记录员、听证陈述人和听证旁听人的选拔方式，听证方案、听证程序、听证规则、注意事项和会场纪律的制定以及最后决策的做出等方面无处不存在行政权力的影子。这样难免会使整个听证会只是政府为了获得设计好的决策方案而举行的“走过场”。“在以往所召开的一些听证会上，很少听到争论的声音，质询方和答辩方高度一致，一片祥和气氛，因此在听证会上最不正常的是只有一种声音。”[②]在建设服务政府和法治政府背景下，政府的角色不再是“从摇篮到坟墓”的承包者，而要与社会共同分享治理国家的的权力。“政府对社会各项事务的管理，并不是管得越多越具体就越好，而是要充分考虑管理的正当性、有效性。对于那些政府做不了，或做不好的事情，应当交给市

---

① 吴建红：《程序正义视阈中中国行政决策听证制度建设》，载《经济研究导刊》2011 年第 34 期。

② 魏建新：《论我国行政决策听证制度的完善》，载《云南行政学院学报》2005 年第 3 期。

场、社会去承担。”[①]行政决策的听证会是社会各种利益博弈的场地，在利益面前各种利益主体并不充分接受政府的过度热情。行政决策听证的实施要充分体现利益辩论和决策权的分享。

1. 充分的听证抗辩

案例1：某市人民政府将涉及重大民生六项工作列入年度重大行政决策事项听证范围内。在这些决策项目听证会上，听证会的会场纪律明确要求每位代表的发言时间不应超过五分钟。

案例2：某市水价上涨听证会上预先只拟定两种价格调整方案，方案一的居民生活用水基础水价由现在的1.32元/立方米上调至2.02元/立方米，方案二的上调幅度较小，调至1.92元/立方米。

案例3：某市出租车价格听证会上有19位听证代表发言，其中8名消费者、3名司机、2位出租车公司代表、2名专家学者、1名人大代表、1名政协委员、2名政府部门人员。反对出租车价格上涨的只有3名消费者代表，其他16位听证代表一致同意涨价。

第一个案例中每位代表发言不超过五分钟，听证组织者的解释是出于保证在限定的听证时间内保证在场的每位代表都有发言的机会。但是由于决策事项的复杂，对每位代表的时间限定在5分钟之内，必定会限制了代表的充分表达，使得利益表达不周全，听证代表就不能很好地维护自己的所属群体的利益，从而在正常利益博弈中处于劣势。

第二个案例中折射出的问题是，政府对听证内容和听证结果的提前设置，使得代表的对抗博弈的利益领域有所限制，这样很可能使代表不能够表达本利益群体的真正利益取向。

---

① ［德］考夫曼：《法律哲学》，刘幸义等译，法律出版社2004年版，第400页。

第三个案例表明，利益不同方所得的支持力量比较悬殊，对抗双方博弈力量悬殊过大，诸如专家学者、人大代表、政协委员、政府官员这类公共人物一边倒的做法，让我们不免产生认为这些公共人物有为强势利益群体御用的嫌疑。而代表消费者弱势群体的说话争利益的实力太过于弱小。

行政决策要真正发挥听证会的应有之义，就必须保障参会的利益各方充分而有效地辩论，在成本可接受范围以内及保障效率的前提下尽量减少限制性的规定。在听证代表的选拔上注意均衡各种不同观点的代表数量，体现不同利益群体的数量比要均衡，比如对于处于弱势群体的代表方要适当提高人数比例；对于公众代表性人物，像人大代表、政协委员这类听证代表要尽量事前了解他们所支持的利益群体，要本着均衡各方力量且有所侧重的原则来邀请这些人物，达到博弈力量的均衡，尤其是均衡弱势利益体和强势利益体的博弈水平。

2. 行政决策权的分享

"在中国，行政决策的提出、承办、专家论证和公众参与的组织、合法性审查、集体审议的主体都是行政机关。"[①]诚然，基于我国的实际，政府官员的官僚主义、深厚的父母官情怀，使得政府的身影在社会生活中可谓无处不在。但是听证会如上所述是社会各方利益体博弈拼杀的场地，在利益面前，政府对听证会高度警惕，以致不会对听证过度热情。政府一手包办的听证会很难得到社会的普遍认同，尤其是当行政决策作出后，被该决策所体现的利益格局严重忽视甚至侵害的利益群体，在他们身上所表现的不满、愤怒

① 吴建红：《程序正义视阈中中国行政决策听证制度建设》，载《经济研究导刊》2011 年第 34 期。

和抗议就尤为突出。

在我国要发挥行政决策听证会的应有作用,通过听证增强行政决策的社会认同感和信服力,在一些政府可以放手的环节,就应当交由社会组织去完成,管得最少的政府就是做得最好的政府。行政决策事项与私权利的保障和公正地实现有着密切联系,激发社会各种利益主体基于本身利益的考量而参与决策听证的积极性,政府要做到的就是确保各利益主体能够完全的处在公平公正的环境中进行利益博弈。

具体到行政决策听证程序中,决策听证会的启动模式,可以是政府依职权启动,也可以根据相关利益主体的申请启动。申请启动听证会的,以启动为原则,不予启动为例外,不启动听证的,决策机关必须有充足的使人信服的正当理由。此外,听证组织机关的构成,可以由政府部门和社会组织共同组成,听证主持人、记录员的选拔方式、注意事项和会场纪律的制定也可以甚至完全交由社会组织去完成,政府可以给予必要的指导和监督。听证方案、听证程序、听证规则、听证代表和听证旁听人也可以采取政府机关与社会组织协商的方式确定。

四、我国行政决策听证制度的完善

行政决策听证制度从本质上说是一种程序制度,是听证规则应用于行政决策的法律制度。行政决策是一种特殊的具体行政行为,把行政听证制度与行政决策行为结合起来,是行政民主的必然要求,是行政法治的基本内涵,是在建设我国社会主义市场经济中政府职能转变的必然趋势。一定程度上,听证制度正在成为社会各界了解乃至参与政府的行政决策、促进政府职能转变、实现政府依法决策的一个平台。但是,当前在行政决策中,尤其是价格听证的行政决策中存在许多问题,难以发挥听证在行政决策中的法治意义,即防止行政决策权力的滥用、促进行政决策民主化、实现行政决策的科学性、增强行政决策的正当性、提高行政决策的可接受性。

(一)对我国行政决策听证中存在的问题分析

1.行政决策缺乏对听证的法定义务性要求

听证应当是行政决策的一种程序性的法定义务。从这个角度讲,所有的重大决策都必须听证,除非有特别正当的理由(听证将给决策带来难以承担的利益损失)。例如在价格的行政决策中,无论是民航票价,还是有线电视收视维护费的调整,作为带有垄断性的公共服务提供者,在制定调价方案这一公共服务价格时,应当首先举行价格听证会,听取消费者代表的意见,否则就可能属于行政程序违法的价格决策。从《中华人民共和国行政处罚法》和《中华人民共和国行政许可法》关于听证程序的要求来看,应当履行听证义务的一个标准就是行政行为的做出影响了公众利益或者公共利益。行政决策无论是从决策的对象或者是从决策的结果来看,无不涉及公众利益或者公共利益,听证在行政决策中更发挥出其程序价值。然而,我国现行法律中,除了《中华人民共和国价格法》之外,很少有法律法规对行政决策作听证的程序性要求。《政府价格决策听证办法》对政府价格决策行为进行明确要求,规定价格决策部门在制定听证范围内的价格时,不举行听证会的,“由同级人民政府或上级政府价格主管部门宣布其违反定价程序,决策无效,并责令改正”。这些规定确保价格决策中政府有听证的义务,致使很多社会公众误认为听证是涨价的专有程序,而在其他重大事项的行政决策中很少有举行听证会的。其实,举行公共决策听证会是政府决策部门的法定义务,也是作为纳税人的广大公民的权利,从这个意义上说,政府没有权力对听证说“不”。[①]

2. 行政决策听证的程序规则缺乏公正性

首先是听证的对峙程序不明显,在以往所召开的一些听证会上,很少听到争论的声音,质询方和答辩方高度一致,一片祥和气氛,因此在听证会上最不正常的是只有一种声音。其次是主持人的中立性往往被媒体和社会所质疑,有的听证会为了顺利过关,请来一些无关痛痒的人员,在听证主持人的“引导”下,听证会变成了民主生活会。例如在价格决策的听证中,一种价格要调整,消费者必定会产生不同意见,听证会就必须让各方代表尤其是消费者一方充分表述自己的意见,让经营者做出令人信服的回答或解释,这样才可能让价格决策更民主、更透明、更公正。最后是听证参加人缺乏代表性,有的听证会为了顺利过关,有选择地请来一些“听证人员”,他们净说些“理解”、“支持”的话,而真正代表群众声音的各方利益代表和有真知灼见的专家学者常被拒之门外。[②] 在一些听证会上因为听证代表没有代表性,使得听证听不到争论的声音,质询方和答辩方“高度一致”,有如一场预先设计好的舞台演出。听证代表的“近亲化”和难以利益分化必然导致行政决策的盲目与片面,无法实现听证的目的。听证代表究竟是按照什么标准加以确立的,并没有形成一种可以看得见的形式予以公开化、透明化,这多少让社会公众感觉是暗箱操作和一种有形或无形的力量在背后主导,这也显然与听证的公开、公正的理念相背离。

3. 行政决策的听证过程缺乏透明性和公开性

行政决策公开的关键是听证的公开,必须确保参与听证名单

---

① 刘武俊:《听证的法理意义》,载《中国经济快讯》2001 年第 31 期。

② 沈文敏:《定价,请百姓参与——施行〈政府价格决策听证暂行办法〉的问答》,载《人民日报·华东新闻》2001 年 8 月 15 日。

公开，听证涉及的论证资料公开，体现听证整个过程的听证笔录公开，听证所形成的结果公开。举行听证会之前应先向社会告知举行听证会的时间、地点、主要内容和旁听席位，允许群众旁听、记者采访和新闻媒体报道。但当前在我国行政决策中听证带有强烈的保密色彩，并且还一直延续下去。听证代表名单保密，妨碍了代表与被代表者的交流，听证会上讨论的方案没有事先公开，公众无法事先充分了解、讨论。① 例如在天津市调整居民住宅供热价格的行政听证中，物价局在向听证代表送达邀请函时，还提供了天津市供热办提出的《关于申请调整居民住宅供热价格的听证意见书》，但在该意见书的正面，印有“注意保密，阅后收回”字样，邀请函上则特别规定代表在“听证会举行前，不要对外透露”，除了不允许听证会代表向外界透露申请方案中的提价内容外，天津市物价局还特别要求听证会代表“会前不要接受记者采访，有关新闻单位预约的采访，安排在听证会结束后，违反纪律的将取消代表资格。”② 在这样的价格听证中，有关政府部门如此煞费苦心，已经把听证作为行政决策中掩人耳目的幌子。长此以往，如果“让那些不合乎听证精神实质的做法延续下去，从而危及人们对听证制度创新的信任和信心。”③

4. 行政决策的听证动机明显不当

不少听证会确有走过场之嫌。例如在价格决策的听证中，虽然从 2001 年 8 月 1 日起，全国正式实施《政府价格决策听证暂行

---

① 王万华、景利：《中国行政决策听证的现状及问题》，载《法制日报》2003 年 12 月 18 日。

② 新京报：《天津举办供热提价听证会代表认为程序不透明》，载新浪网：http://news.sina.com.cn/d2004-09-15/04554319057.shtml，2008 年 5 月 17 日访问。

③ 彭宗超、薛澜、阚珂：《听证制度——通明决策与公共治理》，清华大学出版社 2004 年版，第 34 页。

办法》,这意味着不开听证会就涨价或关起门来定价显然违法,水、电、煤、电信、铁路等关系公众切身利益的公用事业价格、公益性服务价格、自然垄断经营的商品价格,在制定和调整时必须召开听证会,必须广泛征求消费者、经营者、政府部门及有关方面的意见。但是在听证的具体操作中,经营部门提供的成本及利润资料不可信,为使调价获得成功,一些价格调整的申请人往往会列举出各种名目的成本,甚至有些不断膨胀的管理成本,连专家们也大为困惑,这让价格调整失去科学性。听证会堪称通过吸纳民意限制恣意的制度性屏障。为什么某些行政决策部门偏偏喜欢在公共决策时唱"独角戏"而有意回避"双赢"式的听证?为什么某些政府部门对听证会持一种抵触、排斥情绪?这其中的猫腻显然就是行政恣意尤其是部门利益垄断主义的幽灵在作祟的缘故。

(二)完善行政决策听证的制度建设

任何一种制度的架构,都需要有着严密的具体规则设计,这样才能使之运作符合制度本身的目的。不然最终只会背离其出发点,而成为一场没有任何意义的理论评说而已。当前,程序性制度的缺陷势必直接影响行政决策的正当性。听证制度在我国确立不久,尚存有诸多待完善之处,在行政决策中引入听证制度更需要我们在实践中不断探索,不断总结。

1. 扩大和明确行政决策听证的范围

行政决策听证的适用领域在我国是由单行法规定,目前主要适用于行政立法、政府的定价行为、城市规划等领域,范围狭窄。最初的行政决策听证源于 1998 年《价格法》的规定,此后,中央和地方的价格主管部门先后举办了数量可观的价格听证会,议题主要集中在水电气、交通、景点门票、教育、医疗服务、电信等方面。但是,由于缺乏统一的行政程序法典,决策听证规则由单行法分散规定，造成不同决策领域、不同地区实行不同的听证规则，不利于法治统一，而且听证范围在很大程度上也需要明确的法律规定，法律没有明确规定的，行政机关一般不主动采取听证，因为这不是行政机关的法定义务。理论与实践的发展需要逐步扩大行政听证的范围，所有的重大决策原则上一律听证，特别是法律应明确行政决策无须听证的例外规定，以维护广大社会公众和各方利益群体对行政决策的有效参与。英国行政法学家韦德认为，行政听证的例外越少越好，因为“授予这种权利不会有什么害处”。[①]

2. 确定听证参与人的法定资格

(1)听证代表

中国目前的行政决策听证是由听证代表参加。代表的产生方法，一是选择一些人大代表或政协委员作为参加听证会的常任代表；二是推荐选拔相结合，由组织者从各地各部门推荐或者自我推荐的报名者中，通过随机抽取产生代表。但是，听证会究竟是由政府主管部门选定代表参加，还是由真正的利益相关人及其组织主动申请参加，尚需要法律作出明确规定。此外还应当发展独立性较强的非政府组织参加听证，或是由利益受影响的公众组织起来推选自己的代表或委托律师及其他专业人员参加听证。在加拿大，对参加听证的人员并无限制，包括不限制有犯罪前科的人参加，是否参加完全取决于参与人自己的兴趣，一般不设立规则排除个人参加。除个人外，行业组织、非政府组织也是活跃的参加者。例如，在铁路价格听证会上的代表，很多关注听证的人认为听证代表的产生不够透明导致一些疑问的产生，进而对听证程序本身产

① 杨海坤、黄学贤：《中国行政程序法典化——从比较法角度研究》，法律出版社1999年版，第168页。

生质疑。因此,如何选出真正意义上的听证代表至关重要,在听证会上透彻地了解利害关系人的观点、意见,充分行使代表的权利,真正形成双方对峙的局面,进行积极、有益的论证、倾听、交流和沟通,为听证后面程序的科学运作打下坚实的基础。在听证会代表的筛选程序完善之后,还应该完善相关的法律和程序,从制度上和程序上预防"收买"现象的发生,即听证会代表确定,有关部门与代表之间的接触、材料提供等行为应有制度规范。此外还应该把听证会的全过程通过电视或网络进行直播,让每一个代表民意的听证会代表都接受公众的监督、直面道德压力。唯有如此,才能在听证会上听到真实的声音,确保听证会代表寸利必争,全心全意捍卫民众的利益。①

(2)听证主持人

"虽然国内媒体不断警告听证不能变成形式主义、不能走过场,有些地方官员依然只是巧妙地把原来的咨询性组织改名为听证机构,滥竽充数。"②听证主持人是一个处于中立地位的中间人,不一定是政府部门,但在一定情况下政府部门主持听证会是不适当,地位的中立有利于提高听证的公信力和避免公众对听证公正性的无端猜忌。例如在价格听证中,因为政府部门提价又要政府来组织听证,政府出于自身利益的考虑,会倾向于提价。听证主持人主要由专家、学者、人大代表等组成,他们要负责对听证参加人进行引导并对其所提供的证据进行初步评估,他们要参与到价格听证的整个过程,对听证的全过程进行监督,这样才比较客观、公

---

① 于平:《听证会代表意见为何与民意截然不同》,载新京报网:http://www.thebeijingnews.com,最后访问日期:2004 年 12 月 6 日。

② 彭宗超、薛澜、阚珂:《听证制度——通明决策与公共治理》,清华大学出版社 2004 年版,第 34 页。

正。设立这样一个非政府的中间机构,也有利于政府对行政决策做出全面通盘的考虑,形成一种公正、公开、民主的行政决策。应该借鉴美国行政法官的集中管理制度,将听证组织机构与行政决策机关分离;借鉴我国台湾地区的复议委员会制度,确定听证主持人选;通过程序公开、说明理由、案卷制度及司法途径对决策机关进行制约。在加拿大,听证主持人的产生取决于听证的性质和类型。听证在大多数情况下由决策机关主持,但并不排除民众代表主持的可能性。决策机关在听证中,要遵守"利益冲突规则"、"防止预断规则"和公开原则。不管主持人是否为决策机关人员,都应符合一些基本要求:一是公正和不偏不倚;二是具有确定听证基调的技巧和主持的艺术。① 为了保证听证主持人独立执行职务,不受决策机关长官的干涉,可以借鉴韩国做法,1996 年的《韩国行政程序法》第 28 条规定,听证主持人独立执行职务,不因执行职务的理由,而受任何违反其意思的身份上的不利处分。

3. 完善行政决策听证的程序

在"公众直接参与式"的行政决策听证中,参与程序是否公开透明、是否科学合理、是否公平公正是决策成功的关键性因素,其保障就是公众参与决策的步骤、顺序、方式、形式和时间以及相关的程序性制度的规范化设定。

(1)听证程序的启动

我国的决策听证程序通常由政府主动启动,个别情况下也可由利益相关人申请启动,但法律需要对启动程序和启动者作出具体明确的规定。在加拿大,听证的主题越严肃,听证程序越

---

① 刘东生、蒋安杰:《行政决策听证任重而道远》,载《法制日报》2003 年 12 月 18 日。

正式。标准程序一般由专门法律规定,有些法律规定了一般的、最少的程序要求。如土地使用规划听证程序的核心就是保证参与各方之间进行多轮对话。听证事先必须以浅显易懂的文字公告,如土地使用规划听证至少应在报纸上刊登两周,一些听证事项甚至在一年前就要公布。行政决策听证程序的最主要启动方式是通知。通知是指行政主体在举行听证之前将有关听证的事项告知行政相对人;它在程序上实际上发挥着行政主体和行政相对人之间的沟通作用。通知是听证必不可少的程序,由于通知是行政相对人获得听证权的一种程序保障,因此,行政程序对通知成立的要件也颇为严格。这些是对行政决策主体的要求:一是应将听证的内容以及有关事项告知利害相关人;二是应将通知及时送达到受通知人;三是应以适当方式将通知送达受通知人。科学地遴选出听证代表,对于真正地实现听证的"听取对方意见"的初衷甚为关键。

(2)听证的过程

听证是行政相对人向行政机关陈述意见,递交证据和行政机关听取意见和接纳证据的过程。为了保证听证的功能实现,遵循公开原则相当必要。在听证过程中,听证参加人向主持听证的机关陈述意见,表达自己的愿望,为了支持自己的观点,必须提供必要的证据材料。在听证活动中,其中对处于行政决策结果不利地位的听证参加人而言,听证就意味着拥有某种意义的防卫权,通过听证,利益可能受到影响的个人可以获得"防卫"的机会,可以通过出示证据,支持自己的主张,反驳对自己不利的主张,从而使自己的合法权益得到有效的保障。这种防卫权的行使使得听证活动不是由某一方面来垄断发言权,而是使程序活动成为一个理性对话的过程,所有程序参加者都必须通过事实与理由沟通、说服,最后的结论必须直接依据这一过程中已经被接受了的事实和理由。在行政决策事项复杂的听证中，更应当确保听证过程的合理性。“行政机关不能将部分证据隐藏起来，到听证会上再拿出来作为攻击当事人的武器。”[①]例如在价格决策的听证中，行政主体、经营者和消费者之间的信息严重不对称，所以就需要强制性要求公用事业领域的垄断企业公开有关信息，并由消费者选择和委托评估机构对要求提价的企业的成本进行核算和评估，听证会上讨论的方案应该事先公开，并建立对听证代表意见的回应机制，在最终决策时以附带前言性文字说明理由。

(3)听证的结果

听证笔录，就是听证中对行政决策利害关系人对听证事项意见的内容记录。在正式听证中，听证主持人应当听取听证参加人的意见，并将之形成听证笔录，听证必须制作听证记录，通过听证而制作的决定必须以听证记录中的材料为依据，这是为了使听证活动真实、有效而提出的一个必然要求。如果某个行政决定的依据是听证记录之外的材料，那么这种材料很可能未经有关当事人的认可或证实，甚至当事人可能根本就不知道这些材料，这实际上就等于剥夺了当事人的听证权，使听证活动流于形式。近年来，也的确有大大小小的价格听证会举行，每当有“听证”这类的字眼出现在报端，多半就意味着马上水电煤气公交要涨价了，至于到底有谁参与“听”了，最后又“证”出了什么名堂，则没有人了解，也没有人让老百姓去了解，这就给人一种感觉或错觉：听证会是在走过场。听证笔录是行政裁决者与听证当事人之间的联系的根本方式，最终的行政决策应当以听证笔录为依据，听证笔录和行政决策

---

① 章剑生：《行政程序法基本理论》，法律出版社 2003 年版，第 126 页。

结果之间应该存在因果关系,行政决策机关有义务说明其决策结果和听证笔录之间的关联性和因果关系。行政决策机关只能以听证笔录为根据制作行政决定的原则,在学理上称为案卷排他原则,这是当事人在听证过程中陈述己方意见和反驳不利于己的事实的权利的最根本的保障,同时有助于行政决策机关对抗外界的压力。

4. 建立行政决策听证的救济途径

在美国如果影响当事人的行政决定在听证中未能遵循正当程序的要求,当事人可以行政机关侵犯宪法权利为根据请求法院进行司法审查。公民在行政决策听证中应当享有请求救济权,但对于公民听证权受到侵犯(包括公民要求直接参加听证被拒绝和公民不同意行政机关选出的听证代表)能否直接起诉、公民认为决策不明智不合理的救济和认为决策违法的救济是否有不同的路径等问题,我国现行法律没有相关规定。如果听证代表对于政府不采纳自己意见的理由不服,应该有一个权利救济程序帮助其主张自己的权利;政府部门将通过何种方式处理公民的"不满意";如果公众不满意于政府的处置,应该如何通过法院获得权利救济等,这些都是尚待解决的问题。在加拿大,公民对听证结果不满意,或被拒绝参加听证,可向法院提起行政诉讼,起诉的理由,一是认为程序不公正;二是认为决策机关没有管辖权。但是,法院也只在有限的情况下审理案件,不能以法院的决定代替行政机关的决定。在我国应当尽快建立行政决策听证的救济制度,对于程序公正的要求来说,应当给当事人以行政救济的机会,当事人享有请求有关机关对听证决定进行审查的权利,当事人或向行政机关申诉或可以直接向法院起诉、或必须先向行政机关申诉,在穷尽了行政救济之后才可以向法院起诉,这样才使得听证程序的规制完整无缺,成为一项科学的行政制度。

此外,行政决策听证的成本费用承担问题。我国目前举行的价格听证会费用很高,支付主体也不统一,在地方上是由受益者、政府或政府听证基金负担,在中央则由中央财政负担。但是不能全部由政府负担听证经费,应分门别类规定,主张“谁提起,谁负担”。在加拿大,很多情况下是由举办听证的政府财政负担听证费用,如在制订土地使用规划和规划细则时,就是由政府负责所有的听证费用,这些费用来自税收。如果开发商想要政府更改规划和细则,就必须支付听证的广告和相关费用。[①]

① 刘东生、蒋安杰:《行政决策听证任重而道远》,载《法制日报》2003 年 12 月 18 日。

第五章　行政决策的专家参与

专家参与已然成为行政决策理性的一个重要的工具,是提供智力支持的决策参与。行政决策中有没有专家参与是区别经验决策和科学决策的主要标志,也是传统决策和现代决策的分水岭。行政决策中专家参与包括专家论证、专家咨询、专家评估等。2010 年《国务院关于加强法治政府建设的意见》中提出“要把公众参与、专家论证、风险评估、合法性审查和集体讨论决定作为重大决策的必经程序”,针对重大行政决策“都要进行合法性、合理性、可行性和可控性评估”,要“建立完善部门论证、专家咨询、公众参与、专业机构测评相结合的风险评估工作机制”。2014 年《中共中央关于全面推进依法治国若干重大问题的决定》中再次强调“把公众参与、专家论证、风险评估、合法性审查、集体讨论决定确定为重大行政决策法定程序,确保决策制度科学、程序正当、过程公开、责任明确。”中央对专家参与决策的要求越来越明确,对专家参与决策的规定越来越具体。各地也纷纷出台规章对专家参与决策进行规定,[①]甚至专门出台专家参与的实施办法。[②] 合法性审查也可以理解为法律意见的专家参与。

一、专家参与行政决策的地位分析

各级决策部门对专家参与越来越重视,[③]专家逐步走出“象牙塔”,越来越多的行政决策不断出现专家的身影。

(一)专家参与的目标——决策理性

专家体现在一个“专”上,专家不是一般意义上的通才,特指在某个领域里“专”才。一般来说,专家并没有严格的法律界定,只要有某方面的学术特长或者具备特定的技术职能的人才都可以称为专家。专家和普通人的核心区别就在于专家拥有特定的知识工具,比普通人在某个领域具有更深入的认识。

从本质上来讲,行政决策是“不同知识进行交涉和得以运用

① 如《重庆市政府重大决策程序规定》(2005 年)、《广西壮族自治区行政机关重大决策程序暂行规定》(2007 年)、《甘肃省人民政府重大决策程序暂行规则》(2007 年)、《湖南省行政程序规定》(2008 年)、《江西省县级以上人民政府重大行政决策程序规定》(2008 年)、《天津市人民政府重大事项决策程序规则》(2008 年)、《青海省人民政府重大行政决策程序规定》(2009 年)、《山东省行政程序规定》(2011 年)等。

② 如《四川省人民政府重大决策专家咨询论证实施办法(试行)》(2004 年)、《成都市重大决策事项专家咨询论证实施办法(试行)》(2004 年)、《武汉市人民政府重大决策事项专家咨询论证实施办法(试行)》(2006 年)、《长沙市市人民政府重大决策事项专家咨询论证评估制度》(2007 年)、《银川市人民政府重大决策事项专家咨询论证评估制度》(2008 年)、《湖南省人民政府重大行政决策专家咨询论证办法》(2011 年)、《广东省重大行政决策专家咨询论证办法(试行)》(2012 年)等。

③ “政府决策者在多数决策情境下,更乐于吸纳专家学者的参与,认为这有助于更好地把握问题本质,提出高质量的解决对策。”参见王庆华、张海柱:《决策科学化与公众参与:冲突与调和——知识视角的公共决策观念反思与重构》,载《吉林大学社会科学学报》2013 年第 3 期。

的过程”。[①] 传统的行政决策是行政官员作为专家的决策，决策理性是通过科层制理论下受过专业训练的政府官员作为行政精英实现的。[②] 但是以政府官员的管理经验为依据的封闭决策是感性知识而非科学研究的结果，其根本原因是“出于工作局限和视野狭隘等原因，行政人员不愿与他人共享信息，而是依靠自己的技术和专业知识判定自己在行政过程中的应然角色。”[③]行政决策参与中的专家不是行政官员，而是指拥有专业化、技术化的知识，掌握政策分析和咨询方法及工具的个体或者集团。[④] 专家是以其专业能力和知识为行政决策的科学性提供支撑，追求行政决策结果的理性。

专家参与决策是行政决策的时代要求。知识经济时代使社会分工的日益细化和信息化，行政管理成为一种知识管理，某种意义上是一种专家管理。[⑤] 专业性的行政决策越来越多，对决策者的智力要求也越来越高，即使行政管理经验丰富的政府官员也难以应付，“传统官僚政治系统的专业优势日益弱化”。[⑥] 行政决策所需要的专业知识越高，政府官员对这项决策所需要的专业技术与

---

① 王锡锌、章永乐：《专家、大众与知识的运用——行政规则制定过程的一个分析框架》，载《中国社会科学》2003 年第 3 期。

② 行政法上的“专家理性”是指科层制理论下受过专业训练的政府官员作为行政精英实现的管理理性。参见王锡锌：《公众参与、专业知识与政府绩效评估的模式——探寻政府绩效评估模式的一个分析框架》，载《法制与社会发展》2008 年第 6 期。

③ [美]谢里尔·西姆瑞尔·金、凯瑟琳·M. 费尔蒂、布丽奇特·奥尼尔·苏赛尔：《参与问题：通向公共行政中真正的公民参与》，载《公民参与》，王巍、牛美丽编译，中国人民大学出版社 2009 年版，第 55 页。

④ 参见王锡锌：《公共决策中的大众、专家与政府——以中国价格决策听证制度为个案的研究视角》，载《中外法学》2006 年第 4 期。

⑤ “随着生产和管理的科学化，对社会的管理权将自动地过渡到专家阶层手中。”参见[美]丹尼尔·贝尔：《后工业社会的来临：对社会预测的一项探索》，高括等译，商务印书馆 1984 年版，第 9 页。

⑥ 湛中乐、高俊杰：《作为“过程”的行政决策及其正当性逻辑》，载《苏州大学学报》2013 年第 5 期。

知识越缺乏,那就意味着官员在进行决策时就越需要专家的建议与意见。“当专家相对于官员具有专业知识方面的优势时,官员可以通过邀请专家来帮助自己加强对复杂政策问题的理解和决断能力。”①当决策者寻求专业领域的智力支撑时,专家就是利用自己特有的专业知识来弥补决策者的理性欠缺。

(二)专家参与的功能——权力制约

专家参与行政决策是行政决策过程的参与,排除行政机关决策过程的垄断,实现行政决策的正当程序。正当程序强调过程的正当性,源于英国法的“自然正义”②和美国法的“正当法律程序”。③ 一般来说,利用程序上控制政府权力比通过实体上控制更为有效,为确保行政决策的可行性、合理性和合法性,通过引进专家论证,广泛征求和吸收专家意见,这是对以专家为代表的精英分子参与行政管理的尊重,专家参与行政决策权的过程,实现“由行政机关垄断决策权的决策结构转向多元主体分享并相互制约的分权决策结构,在这种新型决策权力配置结构中专家参与起到了对行政决策权的程序控制功能”。④

就权力制约而言,传统法治强调的是以权力控制权力,现代法治提出了以权利控制权力的新机制。专家参与是一种参与性权利,专家参与决策排除了决策者对专业技术问题的权力武断。行政决策中的专业技术性问题不属于行政机关裁量的范畴,这是特定领域的专业垄断,排除行政官员对于专业问题的发言权。涉及

---

① 朱旭峰:《中国社会政策变迁中的专家参与模式研究》,载《社会学研究》2011年第2期。

② 王名扬:《英国行政法》,中国政法大学出版社1987年版,第151页。

③ 王名扬:《美国行政法》,中国法制出版社1995年版,第382页。

④ 张忠:《专家参与行政决策的功能及其实现》,载《理论月刊》2013年第2期。

决策的专业性问题,决策机关只能公开信息、提供情况,但不能自行作出专业评判。专家参与无涉决策的价值判断,但通过专家参与防止决策者以价值裁量代替技术判断。专家参与构成技术性行政决策的强制参与,官僚制模式下的决策官员受制于官僚系统外部的专家,知识对权力的制约,理性对恣意的限制,形成专家参与权与政府决策权之间的制衡结构。专家是抑制行政机关滥用"技术理性",从专业知识运用角度来发挥对作为决策者的行政机关的权力制约功能。①

(三)专家参与的定位——中立利益

由于行政决策直接涉及各种不同利益的冲突,因此"行政决策的过程是从利益表达与利益综合开始的"。② 由于社会资源的稀缺性,各个利益主体围绕具体利益安排和利益得失进行竞争,行政决策中的利益竞争处于一种此消彼长、相互竞争的状态。任何行政决策,不可能完美,必然会使一部分人受益,而另一部分人的利益受损,或者使一部分人的受益大而另一部分人受益小,甚至失去利益。利益团体之间的竞争与参与行政决策,有利于多元利益的平衡,也会加剧社会利益的不平衡,甚至把决策变为牟取特殊利益的工具。以强势利益主体为代表的利益集团在行政决策中的影响非常大,通过损害公共利益来获取不当利益。③ 面对行政决策中纷繁复杂的利益冲突,行政决策过程就是对社会各种利益进行协调的过程,是对各个不同利益群体之间进行利益分配的过程。

---

① 参见王锡锌:《公众参与和行政过程——一个理念和制度分析的框架》,中国民主与法制出版社 2007 年版,第 297 ~ 298 页。

② 贺善侃、黄德良:《现代行政决策》,上海大学出版社 2001 年版,第 164 页。

③ "富人集团坚信能够用钱买来影响力。"参见蔡定剑:《国外公众参与立法》,法律出版社 2005 年版,第 231 页。

"专家的本质特点是价值中立,只对求真或探索奥秘、归纳规律感兴趣,是实然而非应然的领域。"①专家参与行政决策,提出基于自身知识认识的中立性意见显的很有必要,它表达的是一种"理性",是一种事实的应然或实然,而非对价值上的考量。这既能避免政府行政决策的盲目性,也能让各种主体利益过于热情的表达冷静化,起到沟通两者的利益并合理表达的作用。同时,专家提出的中立性意见,也会让各种主体利益从中知晓行政决策涉及的相关技术信息,增强行政决策的权威性,从而提高公众的认可度。专家参与到行政决策中去,体现的是中立性利益,不代表民众个体的私人利益,也不偏向政府可能存在的"假公济私"的利益要求,这也是一种对利益博弈的公正性引导。专家参与有利于促进各种利益主体的对话合作,弥补决策的技术理性。②

二、行政决策中专家咨询的问题和改进

(一)专家参与行政决策的两种错误倾向

不可否认的是,当代中国行政决策观念已经逐渐从"为民决策"转为"与民决策"或"让民决策"。要更好的"与民决策"或"让民决策",专家参与不可缺少,但现有的专家参与背离其初衷,导致专家参与的"失灵",这既是哲学层面上的问题,③更主要是实践中

---

① 徐文新:《专家、利益集团与公共参与》,载《法律科学》2012 年第 3 期。

② 专家参与不同于公众参与:如果说公众参与保障了行政决策的民主性,专家参与则有助于行政决策的科学性;公众参与的价值主要在于有效设定行政决策的目标,而专家参与则对确定行政决策方案和手段更为重要;前者具有较强的政治性,后者则具有更多的技术色彩。参见栗燕杰:《行政决策法治探究》,中国法制出版社 2011 年版,第 156 页。

③ 这主要是三个方面的原因:一是知识本身的不确定性;二是公众知识能力的提升;三是专家并不等于专家知识。具体分析参见戴建华:《行政决策的价值理念——以正义为中心》,国家行政学院出版社 2012 年版,第 108 ~ 109 页。

的两种错误倾向。

1. 专家被政府“雇佣”，论证领导意志

我国的决策咨询机构根据其与政府的依附性强弱，大体可分为官方（包括半官方）和民间两种类型。[①] 官方决策咨询机构指的是隶属于政府部门的研究机构，已经形成了规模，不仅在中央有设置于政府系统内的各种政策研究室、发展研究中心等研究机构，在地方也有省、市、地、县党政系统设立的政策研究室和经济研究中心等咨询机构，而且也有受制于政府、由财政支持的各种研究院所，包括社会科学院智库和高校智库。民间机构则是由企业、个人创办的研究机构、研究会等决策咨询机构，如中国管理科学研究所、零点研究咨询公司等。由于市场经济发展还不充分，决策咨询市场并不成熟，官方机构在咨询机构中占据了绝大多数。从我国行政决策参与中的专家背景来看，大多数专家属于行政体制内，带有较强的官方色彩，独立性受到影响，“咨询人员受制于决策者”，[②]这些官方咨询机构与决策机关距离“近”，成果能快速被应用到决策中，但存在缺乏公信力、难以形成独到见解和意见的弊端。[③] 甚至党政机关设立的咨询机构“不务正业”，其职能并不是决策咨询，而是替领导起草讲话稿。[④]

专家在行政决策中容易受到行政机关的干扰，很容易被政府

---

① 上海社会科学院智库研究中心发布的《2013 年中国智库报告》，将我国智库分为党政军智库、社会科学院智库、高校智库和民间智库四大类，中国智库以 426 家位列全球第二。参见张垚：《中国智库：面临最好发展机遇》，载《人民日报》2014 年 2 月 16 日，第 5 版。

② 罗依平：《地方政府决策研究》，湘潭大学出版社 2011 年版，第 287 页。

③ 参见张垚：《中国智库：面临最好发展机遇》，载《人民日报》2014 年 2 月 16 日，第 5 版。

④ 参见肖百冶、赵汝周：《构建科学决策机制提高执政能力》，载《理论与改革》2005 年第 2 期。

利益或领导意志所代替。即使不是官方咨询机构的专家也难以摆脱行政机关的影响。专家成为领导意图的代言人,为决策“背书”。

一方面,决策者可以“定做”专家意见。行政机关拥有较全面的行政决策信息,很可能为了自身利益,有选择性的提供给专家论证所需要的信息,而这会造成专家片面认识,从而判断错误。“几乎所有的规范性文件都授予了行政机关几乎不受限制的选择专家的自由裁量权。”[①]行政机关通常聘请比较熟悉、和本机关接触比较多的专家参与决策,这就很容易导致聘请的专家在论证过程中或多或少会受到行政机关意愿和需求的影响,难以做到客观和中立。这就导致在专家咨询论证过程中缺少不同意见,缺乏“对立面”的意见,甚至专家论证只是为已经确定的决策方案提供理论“注释”,丧失独立性、科学性的“专业意见”成为论证领导意志的工具。

另一方面,决策者可以“挑选”专家意见。专家是由政府机关“挑选”出来的,决策机关通过事先了解专家的利益倾向,选择出符合决策者利益的“专家”代言人。通过筛选出“有利”专家,过滤掉“不利”专家,征集到专家的“共同意见”来体现决策者的意志。例如,在世界文化遗产都江堰周边修建大坝的行政决策中,当第一次专家论证会上多数专家认为工程不可行时,都江堰管理局再次组织第二次的专家论证,把持反对意见的专家排除在论证会之外,工程论证得到专家通过。[②] 这种所谓的专家参与决策就成为决策

① 王锡锌:《我国公共决策专家咨询制度的悖论及其克服——以美国〈联邦咨询委员会法〉为借鉴》,载《法商研究》2007 年第 2 期。

② 张可佳:《世界遗产都江堰将再建新坝原貌定遭破坏联合国关注》,载《中国青年报》2003 年 7 月 9 日。

者欺世盗名的手段，它不仅达不到制约政府权力的目的，而且以专家参与决策的幌子成为决策者“为可能出现的责任‘解套’，回避社会批评的又一柄‘独门暗器’”①。

2. 专家被利益组织“俘虏”，维护特定利益

专家作为精英民众，参与行政决策过程应该代表中立利益，为政府的行政决策奉献自己的理性。但是由于现有的外部制度和专家自身“经济人”的内在属性，不可避免地发生偏离中立利益的现象。政府行政机关所作的行政决策中，有的会涉及特定的利益组织。某些专家失去道德操守，甘心充当利益团体的马前卒，无原则地与之结成利益共同体。北京市三级政府1640名公务员的问卷调查中，当被问到“专家顾问团在本市政府决策中的作用时”，认为主要代表知识精英或特定群体的利益，公正性缺失的人数占调查总数的12.9%。②

专家参与行政决策维护特定团体利益，是专家自身作为“经济人”的表现。当一个人在经济活动中面临若干不同的选择机会时，他总是倾向于选择能给自己带来更大经济利益的那种机会，即总是追求最大的利益。有的专家凭借自己的学术头衔和手中的论证权、签字权攫取数目不菲的评审费、讲课费、润笔费。有的专家处于某种特定利益，拒绝出具不利意见。“尽管专家实际上是特定利益的代言人，在表面上他们又是以‘中立’的专家的名义试图对公共政策施加影响。”③这种带着某种利益来参与决策的专家，其专

① 王锡锌：《公众参与和行政过程——一个理念和制度分析的框架》，中国民主与法制出版社2007年版，第288～289页。

② 朱建新：《行政决策专家论证制度研究》，载《黑龙江省政法管理干部学报》2010年第2期。

③ 王锡锌：《公众参与和行政过程——一个理念和制度分析的框架》，中国民主与法制出版社2007年版，第309页。

业结论就备受质疑。这种以专家身份代表特定组织利益的决策参与,背离其中立的价值身份。“相对那些代表开采行业利益并且拥有很好报酬的专家来说,那些关心环境问题的志愿参与者都会显得孱弱无力。”①一旦中立利益被政府或者某些利益组织“俘获”,成为他们利益的发言人,那将彻底损害专家论证制度原本的设计价值,丧失行政决策的辅助理性功能期待。“致使参与论证的专家角色发生了严重错位,背离了专家参与决策的角色期待,由一个本应成为决策者专业知识提供者的角色蜕变为一个利益团体的辩护人。”②当专家被某一利益群体所收买,专家参与的决策就失去了公信力。

(二)专家参与行政决策的模式构建

当代西方行政决策体制是“谋”与“断”相对分工。③ 专家参与在行政决策中属于决策辅助系统,是“谋”的范畴。不同的国家有着不同的政治、经济、社会文化,这就决定了行政决策专家参与模式的不同。

1. 国外的经验

美国在行政决策咨询机构的选择上,大部分咨询项目是委托政府以外的机构来完成,这样能更好地减少政府利益的影响。在一些形势需要的时候,政府机关会进行广泛的社会、企业调查,与民间咨询机构共同合作,如斯坦福国际咨询研究所。

德国的决策咨询机构主要有两大类:第一类是官方决策咨询

---

① 勒妮·A.欧文、约翰·斯坦斯伯里:《公民参与政府决策:劳有所获吗?》,载《公民参与》,王巍、牛美丽编译,中国人民大学出版社2009年版,第16页。

② 张忠:《专家参与行政决策的功能及其实现》,载《理论月刊》2013年第2期。

③ 杨寅:《中国行政程序法治化——法理学与法文化的分析》,中国政法大学出版社2001年版,第100页。

机构;第二类则是民间咨询机构,包括以营利为目的咨询机构。政府机构作出行政决策前的咨询项目都会进行“市场化”,委托民间咨询机构进行评估并得出方案,再把该方案交给政府决策论证机构审议,审议通过后,行政决策方可实施。[①]

日本的行政决策比较强调引入民间咨询机构参与,吸收民间意见。[②] 除了行政机关自身内部的垂直咨询制度和行政机关自身内部的横向论证制度外,还有行政机关以外的民间咨询机构的引入制度,该类咨询机构是由专家学者组成,其最大的优势是能够提供有效的论证意见。

随着社会市场化程度的提高,各类政府决策体制外的咨询机构正在日益增多,决策咨询已经形成一个完整的市场产业。“为美国政府行政决策服务的就有 700 多个咨询机构,日本政府各部门建立的咨询机构审议会达 200 个。英国有 2000 多家咨询公司。政府利用咨询组织的智力支持已经被纳入了法治的轨道。”[③]发达的咨询产业不仅可以避免咨询体制过度僵化、独立性不足的弊病,而且有效的促成专家咨询的良性竞争,形成相互竞争格局。随着人们对行政官僚信心的逐步丧失,寻找体制外的专家成为一种必然选择:以市场为导向的决策咨询机构,在行政决策中形成了一种完全市场化的专家参与模式。

2. 我国的建议

我国目前正处于社会结构发生深刻变化的转型期间,也是社

---

① 贾俊贤:《德国咨询服务业发展的经验及启示》,载《东北财经大学学报》2001 年第 3 期。

② 阎宇红:《日本行政决策咨询体系的多层次、多元化及其对我国的借鉴作用》,载《国际关系学院学报》1998 年第 1 期。

③ 宋世明、王思武:《当代西方公共行政决策体制及其借鉴价值》,载《国家行政学院学报》2001 年第 5 期。

会多元利益冲突的剧烈期,行政决策就成为协调和平衡利益冲突的最复杂的行为。我国现有的行政决策咨询论证绝大多数都是由官方咨询机构组成,官方咨询机构的专家往往会被行政机关引导,导致中立利益的失语。我国行政决策实践中,大多数地方政府都是建立决策咨询专家库,但专家由于受聘于政府,难免会依赖政府,官方色彩较为浓厚,同样也不利于中立利益的表达。总之,官方决策咨询机构缺乏应有的独立性,专业性不强,提供的有效建议不多,在决策过程中的作用十分有限,民间决策咨询机构发展缓慢,得不到政府决策者重视,往往形同虚设。① 应该说,我国当前的专家参与行政决策仍然是一种由政府主导的、官方咨询机构垄断的参与模式。

民间咨询机构由于其与政府机构的非隶属关系,其决策论证具有明显中立性。政府应允许并鼓励建立非官方的独立的专家咨询机构,为重大决策提供多途径的知识信息。但当前把绝大多数行政决策的论证项目放入市场,采取完全市场化的专家参与模式,由民间咨询机构来论证的话,显然条件不成熟,现有的民间咨询机构市场还很不成熟,但改革的思路是要不断提高决策咨询的开放度,在行政决策的专家参与中引入民间咨询机构。

我国一些地方开始尝试采取官方专家参与和民间专家参与相结合的方式。在专家参与形式上,既可以运用自己专家库里的专家,也可以把专家论证交付给市场,采用招标、委托的方式进行。《湖南省人民政府重大行政决策专家咨询论证办法》(2011 年)第 14 条规定,决策承办单位向社会招标,由中标的咨询机构或者咨询专家对重大行政决策开展咨询论证,《广东省重大行政决策专家

① 罗依平:《地方政府决策研究》,湘潭大学出版社 2011 年版,第 191 ~ 192 页。

咨询论证办法(试行)》(2012 年)第 15 条规定,行政机关可探索委托具备相关资质的第三方专业研究、咨询、评估等机构进行咨询论证。

为此,构建以官方咨询机构和民间咨询机构合作参与决策的模式,对于重大决策过程中涉及专业性、技术性较强的领域或者事项,在经过官方论证后,通过政府购买服务的方式,将论证结果委托民间咨询机构进行论证,让民间咨询机构对官方论证结果提出自己的意见,最后附上民间咨询机构意见,一起提交给决策机关进行参考决策。决策部门在选择民间咨询机构时,不但要考虑到专业咨询机构的专业水平,还要考虑到该专业机构在行业内的信誉。行政决策的专家参与应充分利用体制外的专业机构所具有的独立性和客观性,让其参与行政决策过程,与体制内的专业机构既相辅相成也相互制约,实现决策的最大理性。

(三)专家参与行政决策的规制

行政决策中的专家参与体现为专家权威,“专家权威是一种建立在科学理性基础上异于传统强制性的知识话语权”。[①] 通过专家权威实现决策理性和控制行政滥权,但专家权威也存在滥用的可能,导致专家参与的变异,因此亟须行政决策中专家参与的法律规制。专家参与决策只能涉及技术和专业问题,专家参与是以其自身的专业为基础,与特定组织的利益无关。

1. 专家选择机制

为了防止决策机关选择专家的恣意,须保证专家选择的客观。专家的选择直接影响到专家论证的成效,其标准的制定如同河流源头,如果源头不干净,则必然会污染下游。为避免临时聘请专家

---

① 徐文新:《专家、利益集团与公共参与》,载《法律科学》2012 年第 3 期。

的随意性及选用熟悉专家带来的非中立性，应当逐步建立并适时更新完善行政决策的专家库。部分省市出台的行政决策规范中入选专家库的标准，如《湖南省人民政府重大行政决策专家咨询论证办法》第10条、《广东省重大行政决策专家咨询论证办法（试行）》第9条、《成都市重大行政决策事项专家咨询论证办法》第12条以及《天津市人民政府决策咨询专家库征集标准》等，对专家的政治素养、专业知识、实践经验、道德水平提出了要求。专家的选择要遵循两个标准：

第一，遵循专业性的标准。湖南省要求专家拥护党和政策，成都市要求专家具有政治觉悟，那么这是否有必要呢？专家作为“理性”的代表，专家的选择应当考虑其专业性和权威性，即选择的专家应当是在该专业中具有较高的威信和地位。专家应该遵从自己的专业知识，不应该考虑专家所依据的知识背后的意识形态问题。

第二，遵循多元性的标准。不同专家基于各自的学术立场和研究方法，得出不同的研究结论和形成不同的论证意见，是非常正常的。重大行政决策事项涉及的各个领域都有专家代表，各个领域的专家代表的比例应当大体相当、均衡，避免专家的专业背景过于单一。不仅有理论部门的专家，也应当有实务部门的专家；不仅有研究机构的专家，也应当有高等院校的专家；不仅有本地的专家，也应当有外地的专家；不仅有国内的专家，也应当有国外的专家。

2. 专家回避机制

专家参与作为行政决策的外部参与，除了其科学技术水平之外，其关键在于其中立的地位。专家参与决策应该代表的是中立利益，不偏向行政决策中的任何利益方，实事求是的表达独立的意见。为了保证专家的中立地位，使专家们能够理性地作出判断，必须从制度上防止专家被“雇佣”和“俘虏”。保证专家既不受特定组织的影响,又不受政府立场的干扰。专家的选择应该是随机的,组织专家参与行政决策咨询论证评估时,相关决策机关就可以从已经建立的专家库中随机选择参加论证会的专家。随机选择专家的优势在于:决策机关很难控制随机抽取专家的意见倾向,专家的观点更容易做到客观和中立,确保专家不涉及行政决策所调整的利益。

专家回避是利益冲突下的回避,是与行政决策结果有切实利益关系的专家不参与决策的论证,其目的是防止其应当代表的中立利益被其他利益方“绑架”,发生中立利益偏离,以确保专家意见的公平和公正。一些行政决策规范中对专家提出了回避要求,如《环境影响评价审查专家库管理办法》第 9 条、《湖南省人民政府重大行政决策专家咨询论证办法》第 27 条和《南昌市人民政府重大行政决策听取意见办法》第 13 条,但只是笼统规定专家与咨询论证事项不具有利害关系,存在利害关系的专家要主动申请回避等,缺乏约束力。

为了实现与决策有利害关系的专家回避,可以采取两种措施:一是专家被要求公开与其存在特定利益关系的特定组织身份。可以借鉴美国联邦专家咨询法案的要求:在进行决策咨询工作之前,相关专家提供个人财务状况,相关专家应该根据委任状的相关要求,公开其与咨询工作有关联的,超过 1000 美元以上的所有投资的身份。① 这样做的目的就是防止参与决策的专家和特定利益方存在利害关系。二是专家被要求进行利害关系声明。专家应当声明是否与决策影响的特定利益组织存在利害关系,并且专家声明

① 徐文新:《专家、利益集团与公共参与》,载《法律科学》2012 年第 3 期。

应与其法律责任挂钩。

3. 同行制约机制

利益相关方专家的制约。“科学决策自然需要客观中立的专家,但也不排除专家可以是利益群体的代言人,但如果是这种情况,则必须有为其他利益群体代言的专家来相互制约。”[①]参照美国的经验,行政决策中专家咨询委员会往往吸收与决策有实质性利害关系且富有学识的非专家成员加入咨询委员会,作为无表决权的成员来监督委员会的活动。[②] 并且鼓励涉及各方利益的行政决策实行内部的专业辩论,只有来自利益冲突方的制约才是真正有效的。

同行专家的审查。即将参与决策专家的论证提交给同行专家进行审查,这“成为专家咨询的另一种更加宽泛的功能,他服从于政治的合法性的标准以及科学理性的要求时,能够最大限度地发挥作用”。[③] 同行是一种具有科学严谨性的审查,是一种对专业意见的监督,独立、客观的同行审查一直被认为是能够保证论证是专业的,而非其他。

不可行论证。实践中行政决策出台之前,专家参与论证评价或听取专家意见,其多数是按照政府既定的决策来论证它的可行性、可操作性,或者是细枝末节的修改,可行性论证过程就很容易变成一种意向性的支持论证工作。可行性论证先入为主,只注重收集或放大有利于决策的客观条件,有意或无意忽略和缩小决策的不利因素。为了防范专家论证演化为“注释”,要求行政决策论

---

① 李亚、李习彬:《从专家公众参与缺陷看公共决策失灵》,载《学习时报》2013 年 7 月 29 日,第 6 版。

② 参见王锡锌:《公众参与和行政过程——一个理念和制度分析的框架》,中国民主与法制出版社 2007 年版,第 303 页。

③ ［瑞士］萨拜因·马森、［德］彼德·魏加因:《专业知识的民主化》,上海交通大学出版社 2010 年版,第 285 页。

证应进行可行性和不可行性两个方面的论证，或者选择不同专业背景的专家进行专业辩论。因为“竞争性的咨询机构组成相对于构成较为单一的咨询组织更有助于决策理性的提升。”[①]不可行性论证是针对可行性论证基础上的反向论证，由独立的咨询机构找出潜在的问题和风险，提出反对意见或修改性意见，给决策部门提供反向的参考。[②] 有利于全面掌握决策信息，全面评价决策方案，减少决策武断，避免决策中的长官意志，提升决策理性。同时也能避免专家在决策参与中的从众。

三、行政决策与合法性审查的关系

行政决策合法性审查是建设法治政府的应有之义。2004 年国务院发布的《全面推进依法行政实施纲要》提出依法决策、科学决策和民主决策，2008 年的《国务院关于加强市县政府依法行政的决定》明确提出了建立行政决策合法性审查机制，2010 年 11 月国务院发布了《关于加强法治政府建设的意见》，2014 年 10 月十八届四中全会审议通过的《中共中央关于全面推进依法治国若干重大问题的决定》把行政决策合法性审查作为重大行政决策的必经程序，地方政府以大量规章[③]和规范性文件[④]的形式对行政决策

---

① 王锡锌：《公众参与和行政过程——一个理念和制度分析的框架》，中国民主与法制出版社 2007 年版，第 306 页。

② 参见杨寅：《中国行政程序法治化——法理学与法文化的分析》，中国政法大学出版社 2001 年版，第 107 页。

③ 例如《鞍山市政府重大决策事项合法性论证程序规定》(2006 年)；《汕头市人民政府行政决策法律审查规定》(2008 年)；《贵阳市人民政府重大行政决策合法性审查规定》(2010 年)等。

④ 例如《安阳市人民政府法律专家咨询论证制度》(2007 年)；《阳江市人民政府重大行政决策合法性审查制度》(2009 年)；《呼和浩特市规划局重大行政决策合法性审查制度》(2009 年)等。

合法性审查作了具体规定。至此,合法性不仅是行政决策的法治目标,也是行政决策的法定程序,对重大行政决策进行合法性审查就成为我国各级政府及其部门行政决策的一个基本制度。

(一)合法性审查在行政决策中的地位分析

行政决策合法性审查应该是指在行政决策过程中,在提交政府集体审议决定之前,对行政决策权限、程序、内容等方面是否合法而进行的事中审查。

1. 合法性是行政决策的根本要求

公共决策通常是在管理学、行政学、经济学和政治学上常用的概念,意指“国家、行政管理机构和社会团体所进行的决策。”[①]而行政决策概念现在正被多个学科使用。在政策学上,行政决策定义为“国家行政机关在法定的权利和职能范围内,按照一定程序和方法作出的决定”,[②]在行政学上,行政决策界定为“具有行政决策权的组织或个人为了有效地实现行政目标从多种可能的行政方案中作出选择或决定的过程”。[③] 可以看出,这些定义多从决策目标、工作任务和时间步骤角度加以界定。

法学意义上的行政决策具有其他学科上所不具备的自身特点,合法性是其根本属性。行政决策的作出不仅通过多种方式对社会公众产生不同的效力和影响,并且这种影响具有权威性和强制性,而这种权威性和强制性来源于其合法性。合法性非政治学意义上的正当性,而是法学意义上对行政决策的规范要求,强调的是行政决策的法律之治。法律是人们用以调整人与人之间关系的行为规范,它以权利、义务、权力、职责为主要内容。“法律作为一

---

① 王佃利、曹现强:《公共决策导论》,中国人民大学出版社 2003 年版,第 26 页。

② 宁骚:《公共政策学》,高等教育出版社 2003 年版,第 205 ~ 206 页。

③ 张国庆:《公共行政学》,北京大学出版社 2007 年版,第 232 页。

种行为规范对人的行为的作用,包括指引、评价、预测、强制、教育等作用。”[①]由于法律具有指引性和强制性,在具体的实践中,它可以为调整人们行为,提供一个模式标准或方向,通过法律,可以对决策起到普遍引导作用,法律可以作为一种评价的尺度,规范决策依法展开,对于违法决策追究责任。“合法是法治行政或依法行政的核心和实质性要求。唯有如此,才能保证行政职权的行使不致偏离公共利益和公民合法权益的轨道;而一旦偏离,合法性原则就成为行政救济、国家赔偿以致追究有关行政人员个人的学理根据和法律依据。”[②]

合法性审查来自合法性要求,作为公权力的行政决策权需要法律约束,“行政决策应当受到法律,特别是行政法的约束”。[③] 行政决策是一项行政行为,决策主体的资格与权限、决策的程序和责任等都需要法律事前加以具体规定,体现为依法决策。依法作出的行政决策,即具有法律效力,“具有法定的,以国家权力为后盾的执行力”,[④]就应当被予以执行。因此,法学意义上,行政决策是指法定的国家行政机关及其工作人员为了实现一定的行政目标,依照法定权限和程序,通过对不同决策方案进行比较、选择和分析的基础上,对公共事务做出具有法律约束力的重大决定。通过合法性审查使得公众对行政决策的认同感提高,实现政府自身统治的正当化。

---

① 付子堂:《法理学初阶》,法律出版社 2009 年版,第 95 页。

② 王学辉、宋玉波等:《行政权研究》,中国检察出版社 2002 年版,第 148 页。

③ 李迎春:《行政法视角下的行政决策》,载《行政法学研究》2007 年第 4 期。

④ 许文惠、张成福、孙柏瑛:《行政决策学》,中国人民大学出版社 2006 年版,第 3 页。

2. 合法性审查是行政决策的法定程序

根据《国务院关于加强市县政府依法行政的决定》的规定："市县政府及其部门做出重大行政决策前要交由法制机构或者组织有关专家进行合法性审查,未经合法性审查或者经审查不合法的,不得做出决策。"明确行政决策合法性审查是在行政决策做出之前,重大行政决策在出台前,须进行合法性审查,只有在通过一定的程序审查后,才能提交政府讨论决定通过。"重大行政决策合法性审查是指在进行重大行政决策过程中,为防止违法决策而对决策权限是否于法有据,决策程序是否合法,决策结果和决策实施的效果是否符合法律规定等进行论证的一种行政内部程序制度。"[①]因此,合法性审查在时间界定上是在行政决策过程中的审查,本质上属于一种事中审查,是在行政决策生效前的审查,是一种内部程序规范,而不是一种咨询性质的审核。行政决策涉法内容必须经过法制机构提出参谋意见,发挥法制部门的咨询作用。[②]

行政决策是为了实现一定的目标,"按照法定程序对其职责范围内的公共事物作出决定或确定行动方案的活动与过程",[③]在决策过程中决策主体需要对不同的决策方案加以比较,这一过程需要法律对其加以规制,行政决策性质本身决定了决策出台前,需要对行政决策进行合法性审查,体现为对行政决策的否决审查。行政决策合法性审查是在行政决策正式出台前进行的审查,合法性审查是刚性要求,是重大行政决策程序中不能缺少的强制性程序。

---

① 杨寅:《行政决策程序、监督与责任制度》,中国法制出版社 2011 年版,第 109 页。

② 参见陈振明:《政策科学——公共政策分析导论》,中国人民大学出版社 2003 年版,第 235 页。

③ 莫岳云:《行政决策学》,中国社会科学出版社 2004 年版,第 8 页。

对于通过合法性审查的决策议案,可以交由政府进行决议;而对于没有经过合法性审查的决策议案不得提交政府决议。行政决策合法性审查的法定性还体现在违反合法性审查程序应承担法律责任,未经合法性审查或者经审查不合法作出决策的,相关责任人承担行政处分责任;对没有进行合法性审查或者未通过合法性审查而提交市政府审议造成严重后果的,实行行政问责。

(二)行政决策合法性审查的价值分析

"一个巨大的权力如被专横地行使,那将成为一个不能忍受的暴力。"①不受约束的公权力必然被滥用,法律是控制公权力滥用的必要手段。行政决策权属于行政权力,"行政权比其他任何权力更需要控制,这是由行政权的特点所决定的"。② 合法性审查是实现行政决策的法律控权。缺少了法律上的规制会导致行政决策的违法出台,就会对决策利益相关者的合法权益造成损害。

1. 行政决策中自由裁量权的存在

行政决策过程是对不同价值、利益和偏好加以选择、平衡和协调的过程。行政决策过程中,由于存在不同的利益主体,决策主体往往需要对不同方案进行比较和选择。行政决策的过程,就是对不同方案进行分析、比较后,能够均衡不同利益主体的需求进行选择,选择的过程就是裁量的过程。行政决策主体需要依据客观情势进行主观判断,必然就存在自由裁量。因此在决策过程中,就不可避免地存在自由裁量行为。既要考虑利益主体的切身利益,又要实现公共利益最大化,这就需要决策主体根据具体情形进行自由裁量。决策者带有很强主观判断因素的裁量在行政决策中的存

① 王名扬:《英国行政法》,中国政法大学出版社 1987 年版,第 152 页。
② 孙笑侠:《法律对行政的控制》,山东人民出版社 2002 年版,第 23 页。

在是客观、合理的,自由裁量贯穿于行政决策的整个过程。行政裁量不仅为行政决策者的能动性提供了现实可能性和施展的空间,也为行政权能动地发挥作用提供了合理的标准和合法的保障。[①]

2. 合法性审查实现行政决策的内部控权

面对行政决策自由裁量权的失控,随之而来的是行政决策权力滥用和违法决策的风险,损害行政决策中的公众利益,合法性审查对于防范行政决策裁量失控至关重要。"遵守法定程序不能保证所有的行政决策都有良好的结果,但不遵守法定程序的行政决策的失误率肯定会非常高。"[②]

以权制权,即以权力制约权力已被公认为法治的基本要求,以审查权制约行政决策权的滥用,因而就成为权力控制的一种重要方式。合法性审查权对政府行政决策权力的制约功能将大大增强。合法性审查不仅是行政决策的程序性权力,而且也是行政决策的实体权力。其一,合法性审查是体现权力法治的一项具体程序制度,对决策行为进行刚性约束,未经合法性审查直接违反行政决策的法定程序。其二,合法性审查是对行政决策的实体审查,不仅要求决策主体和决策权限具有合法性,而且也要求决策程序和决策内容具有合法性,避免决策过程中的随意性。合法性审查制度的存在就意味着接受决策必须接受法律监督,不存在法外决策,更不存在法上决策。决策能够受到合法性审查的制约程度越高,决策者就不得不慎重考虑其决策裁量权,将最大程度地遏制行政决策自由裁量权的滥用。

---

① 参见周佑勇:《行政裁量治理研究:一种功能主义的立场》,法律出版社 2008 年版,第 27 页。

② 刘平、陈素萍、张华:《建立行政决策失误责任追究的法律制度研究》,载《政府法制研究》2006 年第 8 期。

合法性审查实际上是通过审查对行政决策自由裁量加以引导和规范,运用法律规范约束决策裁量。通过法律对行政决策进行事中控制,能够使行政决策依法展开,对决策裁量加以约束,使行政决策的作出符合程序理性要求。为了规制行政决策中的自由裁量行为,行政决策合法性审查通过对决策自由裁量权的程序控制,体现的是一种对行政决策的内部控权。从决策的源头上给政府决策的随意性设置一个阀门,从而最大限度地减少决策违法现象的蔓延。"通过合法性审查,在对重大行政决策内容是否违法予以认定的同时,也可以从程序上进一步规范政府决策,防止决策的随意性,减少决策的失误率。"①

四、行政决策合法性审查的主体与内容

(一)行政决策合法性审查的主体

行政决策合法性审查的主体是指行政决策议案在提交决策主体审议之前由谁来进行合法性审查的问题。

1. 行政决策合法性审查主体的现状

根据《国务院关于加强市县政府依法行政的决定》的相关规定,重大行政决策由市县政府及其部门交由法制机构或者组织专家进行合法性审查后,才能作出具体决策。因此,可以理解为合法性审查是由法制机构或者专家进行审查的活动。具体到各地规定中,大多都是规定由法制机构进行合法性审查,例如《山东省行政程序规定》第36条的规定,《广西壮族自治区行政机关重大决策程序暂行规定》第22条的规定;也有规定专家在决策合法性审查起

---

① 上海市重大行政决策程序研究报告课题组:《上海市重大行政决策程序研究报告》,载《政府法制研究》2009年第3期。

着合法性论证的作用，例如《广州市重大行政决策程序规定》第 23 条的规定；也有规定由法制机构和组织专家进行合法性审查的，例如《江西省县级以上人民政府重大行政决策程序规定》第 15 条的规定。总体上看，由法制机构作为合法性审查主体，而专家起着协助法制机构进行合法性论证的作用。

根据《国务院关于加强市县政府依法行政的决定》规定了重大行政决策作出前要经过法制机构合法性审查，但并没有明确规定要由哪个法制机构进行合法性审查。从各地实践来看，普遍采用的是由本机关法制机构进行合法性审查的模式。① 例如《广州市重大行政决策程序规定》第 26 条的规定，《贵阳市人民政府重大行政决策合法性审查规定》第 8 条的规定，《湖南省行政程序规定》第 39 条的规定。由本机关法制机构审查的模式可以节约成本，且更方便了解决策具体情况，但属于机关内部审查，缺少独立性，使法制机构的工作从合法性审查演变为决策草案的合法性论证，“由政府法制机构承担审查的任务也使政府法制工作部门感到捉襟见肘，左右为难。”“行政法制机构的合法性审查能否发挥实效，还得看地方主要领导的脸色而定。”②为此，《苏州市人民政府重大行政决策程序规定》设立了双重审查制，先由承办部门的法制机构对决策草案的合法性进行初步审查，再由市政府法制部门或有关专家进行二次审查。另外，对于乡镇人民政府和城市街道办事处这些基层的行政机关，由于没有内设的法制机构，不可能开展

① 国外也采取类似的做法，意大利政府各部都设立了专门的法律机构——立法办公室，其主要职责就是审查各部制定的政策是否合法，内设机构的方案凡要形成最后文件和议案的，均被要求送到立法办公室，由它进行合法性审核。参见郑振宇：《西方公共决策程序比较》，载《国家行政学院学报》2003 年第 3 期。

② 王仰文：《重大行政决策合法性审查问题研究》，载《理论月刊》2012 年第 1 期。

行政决策合法性审查。同时,对于那些特别重大、疑难、复杂的决策事项,由于专业性要求高,超出了法制机构的审查能力,需要专业的法律审查意见。

2. 行政决策合法性审查主体的制度完善

对于行政决策合法性审查主体的完善,需要结合决策主体之间的权力划分和决策事务的性质,防止越权合法性审查情形出现。根据行政决策自身的特点,为了减少决策的违法率,确保行政决策的合法性,需要针对不同级别、不同类型的行政机关作出不同的制度安排:

(1)县以上地方各级人民政府工作部门作出的行政决策应由本级人民政府法制机构进行合法性审查,垂直领导的工作部门由其上级垂直领导部门法制机构进行合法性审查。县以上地方各级人民政府工作部门主要受本级人民政府领导,海关、税收、安全、工商、金融、土地等部门属于垂直领导,若由本部门法制机构进行审查,缺少独立性,由上级领导机关的法制机构进行合法性审查,"由于法制机构不是单独的执法部门,在政府依法行政中的地位比较超脱,审查会更可观",[①]防止决策利益部门化和地方化,也实现上级机关对下级机关的事中监督责任,避免事后监督的滞后性。

(2)乡镇政府、街道办事处的决策议案应由县级人民政府法制机构进行合法性审查。乡镇政府、城市街道办事处作出的决策直接涉及基层群众的重大利益,也是上级政策的直接实施。由县级政府法制机构进行合法性审查,也有利于强化上级政府对基层行政机关的行政监督,实现基层群众的重大利益保护。

---

① 杨寅:《行政决策程序、监督与责任制度》,中国法制出版社 2011 年版,第 110 页。

(3)对于特别重大、疑难、复杂的决策事项,应当委托法律专业机构进行合法性审查。法律专业机构受行政决策机关委托,对重大、疑难、复杂的决策事项出具合法性审查意见。一般有三种做法:“一是邀请相关专家进行论证,二是将合法性审查委托给智囊机构,三是委托给律师事务所进行。”①可以根据竞争法则,出售行政决策“合法性审查”产品,由政府来购买社会服务。特别重大、疑难、复杂的决策事项涉及利益群体较大,涉及的法律问题也比较复杂,法律专业机构要确保审查意见的独立性和专业性,可以在利用专家优势的同时,减少专家随意性,应明确由于审查意见失误导致行政决策执行中出现法律风险的法律责任。

(二)行政决策合法性审查的内容

行政决策合法性审查到底审查什么?主要涉及三个方面的内容:

1.决策权限的审查

现代法治的核心是依法行政,行政决策合法性的一项重要内容就是不能越权决策。行政决策主体只能在其决策权限范围内进行决策,凡是宪法和法律规定只能由法律予以规定或者必须得到授权的事项,必须依照规定,在法定权限范围内进行决策。“行政决策权应当由国家权力机关以法律的形式统一设定,行政机关自己不能为自己设定行政权。”②行政机关首先具有行政决策的主体资格,其次是行政机关只能在其决策权限范围内进行决策,凡是宪法和法律规定只能由法律予以规定或者必须得到授权的事项,必须依照规定,在法定权限范围内进行决策。只有符合权限的行政

① 宋艳慧、周兰领:《重大行政决策合法性审查的主体模式及其选择》,载《领导科学》2011年第21期。

② 卢剑锋:《行政决策法治化研究》,光明日报出版社2011年版,第139页。

决策才具有合法性,因此要对决策的权限进行审查。这就要求:第一,行政决策的作出必须是在行政主体法定权限内所作出的,须符合现有法律规定或得到合法授权,这也是依法行政对职权法定的要求。在行政决策中,决策主体只能在法定的权限范围内,不能超出决策主体的法定权限。目前越权决策现象较多,例如上下级行政机关越权决策、中央政府和地方政府越权决策,这就需要对决策的权限是否合法进行必要审查。第二,决策权行使没有滥用职权。由于行政决策中自由裁量权的存在,若不对其进行合法性审查,难免出现决策主体滥用职权进行违法决策的情形。"任何行政职权的来源与作用都必须具有明确的法定依据,否则越权无效,要受到法律追究,承担法律责任。"①行政决策权限的审查是依据行政组织法进行的审查。"一切行政决策必须在组织法规定的职权和所管辖的事务范围内进行,不允许超越组织法所确定的事权的范围而随意进行。"②防止决策错位、越位情况的发生。

2. 决策程序的审查

"决策不仅是对某个问题进行逻辑分析和综合判断的过程,而且是一个有先后步骤、循序渐进的完整过程。"③由于行政决策的出台,本身是一个不同利益博弈的过程,需要法律对其加以调控,只有经过了一系列必经的合法程序,才能通过法律对决策过程的调控实现合法决策。行政决策程序是指法律所规定的行政机关及其工作人员制定行动方案并做出选择或决定的方式、步骤、时间和

---

① 周佑勇:《行政法基本原则研究》,武汉大学出版社 2005 年版,第 167 页。

② 戴建华:《行政决策的价值理念——以正义为中心》,国家行政学院出版社 2012 年版,第 234 ~ 235 页。

③ 孙秀君:《决策法学》,人民法院出版社 2000 年版,第 313 页。

顺序。[1] 行政决策程序的审查是针对决策方案起草过程是否符合规定程序进行的审查,“设置行政决策程序违法无效的机制。”[2]由于自由裁量在行政决策具有核心地位,对程序的审查在于确保行政自由裁量按照法律预先设置的方式、方法和步骤运行,是实现行政决策公正的保障。由于行政决策合法性审查是事前合法性审查,在提交政府决议之前,哪些程序需要进行合法性审查,立法并没有作出进一步的统一规定,各地对行政决策起草程序也都规定不同。例如,《青海省人民政府重大行政决策程序规定》中行政决策起草程序是进行可行性论证情况及成本效益分析报告、专家意见、征求意见;《广西壮族自治区行政机关重大决策程序暂行规定》中行政决策起草程序是决策调研、咨询论证、征求意见;《甘肃省人民政府重大决策程序暂行规则》中行政决策起草程序是风险预测、成本效益分析、专家评审、征求意见;《江西省县级以上人民政府重大行政决策程序规定》中行政决策起草程序是调查研究(包括可行性和风险研究)、专家论证、征求意见、部门协调;《山东省行政程序规定》中行政决策起草程序是调查研究、风险评估、听取意见(专家或研究咨询机构,符合行政决策规定的举行听证会);《湖南省行政程序规定》中行政决策起草程序是咨询论证、调查研究、听取意见(符合规定行政决策举行听证);《广州市重大行政决策程序规定》中行政决策起草程序是风险评估、成本效益分析、专家咨询、征求意见;《苏州市人民政府重大行政决策程序规定》中行政决策起草程序是专家论证、调查研究(可行性和风险论

---

① 杨寅:《行政决策程序、监督与责任制度》,中国法制出版社 2011 年版,第 68 页。

② 刘莘:《法治政府与行政决策、行政立法》,北京大学出版社 2006 年版,第 254 页。

证）、征求意见（符合重大规定的举行听证）；等等。

既然各地对于行政决策起草过程中的程序规定是不同的，也就意味着行政决策合法性审查的程序审查范围的不同。但是，从总体分析来看，在决策起草程序中，在决策前一般都需要调查研究，才能全面准确地掌握决策所需要的信息，然后，提出方案，征求各方面意见。在这其中，专家和公众的参与都十分重要，分别以专家论证和咨询、听证会、群众征求意见等不同形式体现。虽然各地对行政决策程序合法性审查规定不同，且立法没有对其作出统一的规定，但是为了保证决策作出的公正性，在决策程序中体现公众参与具有较大意义，应该以决策程序是否体现公众参与为决策程序审查的主线。根据《国务院关于加强法治政府建设的意见》的规定，作为审查范围的程序应当有：公众参与、专家论证、风险评估。同时，考虑到行政决策的成本与效率，决策的成本与效益也应该作为行政决策程序的审查范围。

3. 决策内容的审查

行政决策内容的合法性审查是指为判断决策的事项是否合法而展开的审查。《全面推进依法行政实施纲要》、《国务院关于加强市县政府依法行政的决定》、《关于加强法治政府建设的意见》都没有对行政决策合法性审查的依据作出具体规定。地方对于行政决策合法性审查的规定中，所依据的一般都是法律、法规、规章，特别是禁止性的规定。而对于立法目的、立法精神、法律原则等是否可以作为合法性审查的依据，相关行政决策合法性审查规定中并没有涉及。可以借鉴规章制定过程中合法性审查的内容，对于规章送审稿不仅审查其是否符合上位法的明确规定，而且审查其是否符合法治精神和法律原则。

从法理角度来看，对于合法性，有多种含义，主要包括两种，

“一种是狭义上的合法性，也称合乎法律性；另一种是广义的合法性，是针对公共权力或政治秩序而言，这里的‘法’是广义的法，除实在法外，还包括事物的法则和原理。”[①]对于行政决策中的合法性，从广义上去理解。由于行政决策具有目的性和选择性，法律不可能对其决策的每项目标都作出具体规定，所以只能依据决策者在合法、理性的基础上自由裁量，根据具体实际情况进行决策。传统上判定行政决策是否合法，主要是从形式上判断，即是否和上位法保持一致，这种判定模式要求行政决策依据的法律排除裁量，但随着行政越来越复杂化和专业化，传统的合法性理解已不能解决行政决策合法性存在的问题。[②] 因此，基于对广义上合法性的理解，以及行政决策自由裁量权的存在，结合行政决策的公共治理领域特点，应该把法律原则也作为行政决策合法性审查的依据。近年来，西方国家行政法的焦点之一就是从“规则之制”转向了“原则之治”。[③] 由于法律的抽象性，法律原则具有填补法律规范的作用，“法律原则是对一定时代与社会中的普遍价值观念的法律表达”。[④] 根据行政法中合理性原则、比例原则、信赖保护原则、正当程序原则以及诚信原则等，对行政决策事项作出裁量时，必须要求决策者的裁量与这些原则所追求的价值相一致，须对其决策草案是否与法律原则追求的价值相一致进行判断。实践中也开始对行政决策事项的行政裁量权是否滥用、是否违反行政合理性原则进行审查。

---

① 严存生：《法的合法性问题研究》，载《法律科学》2002 年第 3 期。

② 参见杨尚东：《行政决策合法性追问的个案解读——以高速公路节假日免费的行政决策为样本分析》，载《政治与法律》2013 年第 8 期。

③ 周佑勇：《行政裁量治理研究：一种功能主义的立场》，法律出版社 2008 年版，第 42 页。

④ 付子堂：《法理学初阶》，法律出版社 2009 年版，第 138 页。

第六章　行政决策的网络参与

随着信息技术的快速发展,海量数据渗透于社会领域的方方面面,人类社会进入到“大数据”时代。正如2012年《纽约时报》在其专栏评论中所言:“大数据”时代,决策将日益基于数据和分析作出,并非基于经验和直觉。[①]

一、行政决策与互联网

“大数据”时代的信息载体是互联网。互联网不仅使信息的搜寻、传播和交流变得更为方便和快捷,而且也使利益的相互博弈显得更为直观和剧烈。互联网作为公民参与行政决策的新方式、新渠道和新载体深刻地影响着我国的行政决策模式,不仅“提高了行政决策的透明度和公众参与的积极性”,[②]而且对行政决策的理念和方式

---

① 郑昱:《霍尼韦尔:大数据时代的引领者》,载《中国自动识别技术》2012年第6期。

② 孙柏瑛、杜英歌:《地方治理中的有序公民参与》,中国人民大学出版社2013年版,第152页。

也带来了新的挑战。当公民越来越习惯于通过互联网获取信息并参与行政决策时,互联网日益成为公民参与行政决策的新渠道。

（一）互联网视角的决策参与

2017 年 1 月中国互联网络信息中心(CNNIC)发布的《中国互联网络发展状况统计报告》显示,截至 2016 年 12 月,中国网民规模达 7.31 亿人,互联网普及率为 53.2%。公民对网络的使用率越来越高,互联网为行政决策参与提供了多种便捷方式,诸如微信、微博、BBS、QQ 群、新闻跟帖、专题讨论、网上征询意见、网上民意调查、政府官员在线互动等。

互联网已成为行政决策参与的重要平台。网络在社会各领域的广泛渗透和应用,为公民参与行政决策提供了现实可能性。互联网的出现使公众有了全新的表达渠道,公众借助网络表达意愿,通过网络影响政府决策。公民有意愿也有能力参与行政决策,在正式渠道表达不畅的情况下,互联网的出现为广大民众搭建了行政决策参与的平台。互联网打破了决策中的话语垄断,社会弱势和边缘群体都有可能成为决策中的话语主体,普通公民在一定意义上拥有了平等的话语权,利益诉求有可能得到决策者的回应。互联网不仅体现为保障公共领域内参与主体充分自由平等沟通的媒介,而且还是普通弱势群体与国家权威、政治精英平等对话的空间。[①] 相对于传统公民参与,互联网使公民参与体现了更多的平等性、多元性、直接性和便捷性。

互联网背景下的决策参与,实现从个体参与到群体参与的转变。民意是影响行政决策的关键,单个或少数公民很难影响行政决策,通过互联网形成大规模的网络民意才会对行政决策产生实

① 贺卫方:《中国公众参与的网络依赖症》,载《南都周刊》2007 年 7 月 6 日。

质性影响。网络民意是传统民意的一种延伸，是以网络为工具形成的民意。普通个体通过互联网表达意见、看法或态度，网络把原本分散的个体聚集在一起，因为共同关注而发出群体的声音，“通常因为一个共同话题的开始而聚集在一起，又会因为话题的结束而解散”。[①] 分散的公民个体借助于互联网表达的一致利益，形成了网络群体，单个微弱的利益表达就迅速聚集成宏大的共同利益诉求，利益成为网络与决策的交汇点。互联网使行政决策中的参与由个体参与转化为群体参与，其背后往往是对公共利益的关注，正是由于公民关注公共利益，这才助成以公共利益为目标的行政决策。“公民参与的发展意味着有越来越多的社会阶层被纳入到政治过程之中，使参与大众化。”[②]

（二）权利视角的网络参与

《宪法》第 2 条第 3 款规定，“人民依照法律规定，通过各种途径和形式，管理国家事务，管理经济和文化事业，管理社会事务”。互联网是参与的重要途径和方式，网络参与应以权利为基点，通过具体的权利来实现。行政决策中的网络参与实质上是现代社会公民权利在网络环境下的具体实现：知情权和言论自由权。

知情权。在行政决策中，信息是行政决策的基础，获取决策信息是决策参与的前提。知情权是指知悉信息的权利，实质上是公民的信息自由。公民对于重要决策特别是与切身利益密切相关的重大决策，有了解和知悉的权利。当人类社会进入知识经济和信息时代，信息成了最宝贵的社会资源，相应地知悉、获取信息的知情权就日益重要。特别是当前政府掌握着 80% 以上与公众权益

---

① 史达：《互联网整治生态系统的构成要素及互动机制研究》，载《政治学研究》2010 年第 3 期。

② 李图强：《现代公共行政中的公民参与》，经济管理出版社 2004 年版，第 31 页。

息息相关的社会信息,获取政府信息的知情权就尤为重要。在行政决策中,除涉及不宜披露的国家安全和商业机密等信息外,都应当主动向社会公众开放。只有在信息公开的环境中,才能有效保障公民参与决策,知情是公民在行政决策中保护自身利益的重要手段。保障知情权,使公民有机会充分获取行政决策的各种信息,是公民决策参与得以实现的基础,公民不仅要知道行政决策的结果,还希望了解行政决策的过程。

网络参与中的知情权不仅包括被动地接受信息的权利,还包括主动地请求公开有关信息的权利。互联网的出现扩大了公民实现知情权的条件,互联网的普及意味着更多的决策信息要公之于众,公民有机会通过网络了解决策信息和参与决策过程。由于我国政府机关具有保密传统,缺乏公开信息的意识,短时间内让政府机关积极公开信息可能性不大,因此需要通过决策信息公开的制度设计来实现对公民知情权的保护。

言论自由权。言论自由是行政决策民主的关键,保障言论自由是促进决策理性的根本,言论自由使行政决策有更多可能的参与。言论自由是公民通过各种形式表达思想和观点的自由,既包括“想说什么就说什么”的自由,也包括“谁想说就说”的自由。互联网技术在我国的飞速发展,极大地扩宽了言论自由的广度,也极大地改变了言论的方式。作为以网络为载体的言论形式,实现了人人都能对某一事件发表观点。网络作为一种新型公共领域,任何人都拥有在公共空间表达思想观点的自由,网络打破了传统媒体中话语权的垄断,无论是权威人士还是普通民众都能平等地表达思想和观点。

网络参与中的言论自由权,不仅是传统的、受消极保护的自由,也是新型的、受积极保护的权利。传统的言论自由主要是为了免于公权力干涉、约束或惩罚，对言论自由权的保护主要通过对公权力的限制而体现。言论自由作为一种新型的、受积极保护的权利，是一种要求政府把积极履行作为义务，主动打开公民表达意见的渠道，在行政决策中为每一个人提供公平表达意见的机会，以促进不同意见的讨论，使更多公民参与行政决策的过程。当前一些地方主动开展的“网上议政”就体现了政府对言论自由的积极保护。

二、行政决策网络参与的优势

网络参与作为公众参与行政决策的新型方式，互联网的特点决定了行政决策网络参与具有不同于传统参与的优势。网络参与使行政决策更具民主性，“民主的广度是由社会成员是否普遍参与来确定的，而民主的深度是由参与者参与时是否充分，是由参与的性质来决定的”。[①]

（一）参与主体的多元性

目前中国仍处于社会转型期，社会阶层严重分化，各阶层根据自身利益采取不同的态度和立场，利益主体呈现多元化。由于每一个公民拥有的利益诉求不同，使行政决策的参与成为一个非常复杂的利益过程，因此，在行政决策中需要搭建一个公众能广泛参与决策表达利益诉求的平台。互联网颠覆了传统的信息发布方式，也改变着公众的交流方式。在互联网中，参与决策话题讨论的网民不受阶层、职业、学历、身份等限制，可以自由地表达利益诉求。行政决策的网络参与主体是最普通的公众，既不同于行政决策听证参与中的代表性，也不同于行政决策专家参与中的精英性，

① [美]科恩：《论民主》，聂崇信、朱秀贤译，商务印书馆1988年版，第21页。

网络参与中汇集的是不同阶层、不同立场、不同利益追求的广大普通公众的意愿。

(二)参与机会的平等性

在互联网的特殊环境中,以网络为中介进行的交往形式具有间接性,摆脱现实社会中的面对面形式,有利于消除现实生活中的身份差异,实现参与身份的平等。任何人均可在网络上表达意愿,维护自己的利益诉求,真正实现了"网络面前人人平等"。互联网就是"允许那些即便是位于社会中最底层的人,也能与社会中其他位置上的人一样,在网络中拥有同等的机会陈述他们自己的意见、传达他们自己的心声"。[①] 互联网的发展改变了金字塔式的社会结构,打破了信息垄断,实现了一定意义上的信息共享。网络作为大众意愿的表达平台,使行政决策参与的范围"从精英主导,发展为现在的与草根'合唱'"。[②] 通过互联网可以自由获取行政决策信息,并对其发表见解成为普通公众参与行政决策的重要途径。

(三)参与方式的直接性

在传统决策中,政府依据民意进行决策的方式比较单一,由于各种原因,利益直接表达渠道并未完全畅通。传统的政府决策过程中,决策通常是远离公众的,大部分的决策信息或源于自上而下的逐级指示,或源于自下而上的层层汇报,或源于官方智囊的政策建议,普通公众的意愿一般很难在决策中体现,而传统媒体在表达公众利益时也谨小慎微。借助于互联网形成的民意影响政府决策使网络参与具有直接性,打破了传统决策的层级性和封闭性,实现了广大公众的普遍参与。公民可以方便地在网上发表观点,直接

① 刘文富:《网络政治:网络社会与国家治理》,商务印书馆2002年版,第81页。

② 张淑华:《网络民意与公共决策:权力与权利的对话》,复旦大学出版社2010年版,第42页。

参与网络民意调查,“保证决策过程中的近距离、高效率的交流”。[①] 互联网作为一种不受某一集中权力完全控制的虚拟空间,各种利益愿望和要求均可在网上找到立足之地,通过相互交流和传播,达到利益聚合,形成舆论压力,给社会和政府施加影响,[②]使公众直接参与到行政决策的全过程。

(四)参与影响的广泛性

网络参与摆脱了特定空间和时间的限制,具有跨越时空的特性。只要拥有网络终端,就可以随时对公共事件和政府决策发表见解,与他人交流或辩论。在互联网信息快速传递的背景下,微不足道的“小事”很可能成为全国关注的“大事”,互联网的传播跨越了地域界限,消除了空间距离。在群体力量的作用下,使一些普通的公共问题成为网络焦点,网络民意就此形成,直接挤压掉正常决策所需的时间和成本,使决策者直接关注、了解、回应网络民意。正是互联网的放大和聚合效应,使公众参与的影响力极具增强,网络民意带来的强大社会压力影响着政府决策。

(五)参与成本的便捷性

网络参与成本的便捷性,是指公众借助网络参与行政,所花费的时间、精力和金钱相比其他参与方式要少得多。传统的决策参与形式不仅需要大量成本,并且社会公众都直接参与到行政决策中也不可能实现。但互联网的出现,公众参与决策不仅变得便捷,直接降低了公众参与的成本,而且互联网为普通公众提供了一个低成本的参与平台,获得信息比较容易,发表意见也非常方便,社会公众只要愿意都有可能直接参与到行政决策的讨论中。网络作

---

① 罗依平:《地方政府决策研究》,湘潭大学出版社 2011 年版,第 207 页。

② 丁建军:《网络民意对中国民主政治的影响》,载《广西社会科学》2004 年第 1 期。

为民意表达的载体,对社会中存在的涉及公共利益的行政决策话题,公众都可以随时随地在网络上自由讨论,网络民意的形成也非常迅捷。就政府而言,网上民意调查也相当快捷。

三、行政决策公民参与的类型

"行政决策过程是体现多数人的意志、保障多数人的利益的过程,公众广泛和深入的参与是这一过程真正实现的基础。"[①]公民通过网络参与行政决策的关键是网络民意,只有形成规模较大的意见和意愿,才会对行政决策产生影响,构成行政决策的实质性参与。公众关注的热点与内容与公民的切身利益密切相关,基于对切身利益和公共利益的关注,公民参与行政决策的模式却各不相同,主要有三种模式:主动参与、被动参与和互动参与。

(一)主动参与式决策

主动参与,也称之为自下而上的参与,是指公民在行政决策之前通过网络参与决策的讨论,表达利益,形成网络舆论,决策机关受到来自网络民意的压力,不得不做出或调整相关行政决策,以顺应网络民意。这种方式是公民在分散讨论基础上的参与,是决策者被迫接受的网络参与。"自下而上、自外向内的力量倒逼政府开放公众参与成为我国当前公众参与的重要特点。"[②]

从政策学角度来看,决策来自于公众压力。基于互联网自身的优越性,其传播信息的快速性和影响的广泛性,足以形成社会舆论压力,带来强大的公民呼声。公民呼声的大小在某种程度上直接影响着政府的决策议题。在决策议题确定过程中,议题因公众

---

① 陈小明:《公民参与决策的法治化之必要性与意义》,载《河北法学》2010 年第 2 期。

② 蔡定剑:《公众参与:风险社会的制度建设》,法律出版社 2009 年版,第 16 页。

呼声被采纳，不是对这些呼声背后的利益要求而得到重视，而是当这种呼声增大时，决策者觉得有必要采取行动——把公众呼声纳入决策议题——以显示一切尽在掌握中。[①] 无论决策的动机如何，表达网络民意的公民呼声有助于打开“决策窗口”，形成决策议题。近年来发生的诸多事件都是在互联网上“围观”并讨论并造成强大的社会舆论，最后对相关行政决策产生影响。一段时间以来，微博直接发挥着聚焦和引导行政决策议题的作用，很多人选择在微博上表达自己的利益需求和主张，通过微博快速传播信息，促成网络舆论，向政府施压，最终导致决策者采纳决策主张。例如，2011 年年初的“打拐”案在微博形成网络民意，从而引起决策者重视，并最终作出相关决策。

如果行政决策符合了公众的要求和预期，那么网络民意就会表现出肯定和理性的态度倾向，如果行政决策背离了公众的初衷和诉求，那么网络民意就会展现出对行政决策的批判，表现出强烈的不满和愤怒。因为“每个人都把自己看成处于社会中最弱势的地位或将处于最弱势的地位，都会自觉或不自觉地将公共决策的期望效益降到最低。”[②]2013 年的“机动车闯黄灯扣 6 分”行政决策，从最初决策议题的设置、方案制定到实施，据称历经几个月甚至几年的时间，其间公众对该项决策却毫不知情，直到决策即将实施，公众才如梦初醒。该项决策在网上遭到了公众质疑后，由于相关部门并不具有真正听取民意的态度，依旧抱着高高在上的姿态，只是单方面的行政决策告知和宣讲，一味强调决策本身的合理性，试图说服公众接受决策，对社会公众的诉求并不予以理会与回应，

---

① 周庆行：《公共行政导论》，重庆大学出版社 2004 年版，第 248 页。

② Tim Jordan, *Cyberpower: the Culture and Politics of Cyberspace and the Internet*, Rutledge, 1999, pp. 63 – 65.

最后遭到激烈的民意反弹，使该项行政决策以“暂不处罚”而告终。“当民众对某项公共决策产生质疑，若这部分民意得不到及时打捞和回应，随着网络舆情的发酵，民意会逐渐溢出互联网，引致现实生活中群体性事件的发生，阻碍公共决策的进程。”①

公民主动参与决策，不仅是维护利益的意愿，更是对决策者无视、轻视民意的抗争。由于长期以来形成的“官本位”思想，很多地方政府官员实际上控制着决策的整个过程，公众民意很少被纳入到决策考量之中。② 面对当下的网络力量，公民在行政决策中的主动参与告诉决策者不能够也不应该忽视网络民意。

（二）被动参与式决策

被动参与，又称为自上而下的参与，是政府主导下的公民参与，指行政机关在作出决策前，将行政决策相关内容公布于众，通过互联网了解公民意愿，试探广大公众意见。这种模式是在政府主导或动员下社会公众的参与，公民被动参与行政决策的过程。这种模式主要通过施放“决策气球”来实现，③行政决策议题已经形成，在最终形成决策之前，尽可能广泛地听取公民意愿的一种试探性方法，具体是通过互联网将决策信息通过各种直接或间接的方式传递出去，来试探社会公众的各方面反应，激发网民参与决策讨论。如果公众反对呼声强烈，相关部门马上出来“辟谣”，修正

---

① 汤景泰：《论新媒体语境下公共决策中的民意沟通》，载《暨南学报》（哲学社会科学版）2013 年第 8 期。

② 霍海燕：《公民社会的兴起对政策制定的影响》，载《中国行政管理》2008 年第 2 期。

③ “决策气球”是“相关部门利用传统媒体和网络媒体的渠道，将政策信息快速宣传出去，经过信息的传播和不断扩散，也引起了公众的广泛关注，他们站在不同的利益视角上，自由讨论、广泛热议。”参见孙培旭、吴麟：《施放决策气球与公共政策制定》，载《新闻传播与研究》2006 年第 6 期。

甚至放弃行政决策，如果社会公众认同，则顺应社会公众需求，出台最终决策。网络民意的及时性、广泛性、直接性等特点，互联网为"试探民心民意、科学有效决策提供了反应快速、成本低廉的平台"。[①] 互联网形成的民意具有原生态性，尽管鱼龙混杂有一定的虚假性，但网络民意在一定程度上反映了不同公民的利益诉求，是政府决策的重要参考。尽可能广泛地听取公民意愿，行政决策只有越接近公众，才越可能在决策实施过程中取得好的效果，公民在决策前的充分参与，也为行政决策的实施营造了良好的舆论环境。决策者在网络上主动设置决策议题，根据网络舆论传播的经验，只有主动设置决策议题、主动引导网络舆论，才能真正掌握舆论的主动权。

近年来，一些地方政府开始逐步推行行政决策之前让公民参与的实践，"政府主导下的公众参与在逐步扩大"。[②] 对决策者来说，互联网是民意的聚宝盆。政府机关针对决策议题在网站上设置专门讨论区，公民可以在讨论区自由地发表意见，评论相关决策方案；政府机关通过社交网站设置民意调查问卷，公民在网络上通过问卷来表达意愿和反映要求，这些都能为行政决策提供重要参考。例如，很多地方政府对每年民心工程的决策通过互联网公开征求社会意见。在这一过程中，通过互联网媒体传播决策信息，激发公民参与讨论，使决策者快速、即时地判明各种利益主体的态度，使与公众利益相关的民心工程最大可能地符合公众意愿，也为决策的可行性奠定基础。

信息是行政决策的基础，获取信息是行政决策的先决条件。

---

① 刘祖华、周湘智：《网络民意在公共决策中的双面解读》，载《云南行政学院学报》2007年第6期。

② 卢剑锋：《行政决策法治化研究》，光明日报出版社2011年版，第222页。

如果政府主导的公民被动参与行政决策的模式只是出于对决策信息的收集，政府让公民参与行政决策的目的只是为了争取网络民意，而对公众要求不予解释和缺少回应，那么这种模式表面上似乎在尊重民意，但实质上只是根据政府意愿来争取民意，而不听取民意，更不可能让民意来主导决策，这种行政决策模式实际上就成为决策者瞒天过海的伎俩。

（三）互动参与式决策

互动参与，又称为上下互动的参与，无论政府是主动还是被动提出决策议题，互动参与是在作出行政决策之前，政府公开决策信息，公民充分表达意见，决策机关不仅对行政决策进行解释说明，而且广泛收集和积极回应公民意愿，在充分衡量各种利益关系的基础上形成最终决策。

互动参与式决策是为了应对当前社会利益复杂化的社会现实。行政决策是各种利益主体相互博弈与协调的过程。当前利益关系复杂，政府已无法单独依靠自身力量解决社会问题，这就要求政府要善于与社会公众合作。“在以知识经济为基础的网络时代，政府组织的权威正朝知识化和信息化转变。换言之，知识与信息越来越成为政府权威的力量源泉。”①社会公众在网络中自由快捷地向决策者表达自己的利益诉求，对于即将出台的行政决策发表意见并形成网络民意影响政府决策，决策者密切关注网络上出现的利益诉求和网络民意，使行政决策符合大多数公民的利益需求。通过互动式的网络民意讨论，有利于形成反映各方利益诉求的决策方案。

---

① 何精华：《网络空间的政府治理——电子治理前沿问题研究》，上海社会科学院出版社 2006 年版，第 104～110 页。

在互动参与式的行政决策中，决策者的观念不能停留在单向宣传上，而是进行在双方对话中。在整个决策过程中，政府是决策议程的设置者、参与平台的提供者和参与规则的制定者，实现各种决策意见的充分交流与沟通。网民通过大量的跟帖、灌水、置顶形成网络民意，势必为行政决策的论证、设计提供重要依据。网民意见凭借庞大的群体和海量的信息，为行政决策提供更广阔的视角和更全面的选择。互动式参与决策有利于实现行政决策的公平性。行政决策的公平程度取决于决策方案的充分辩论程度，没有充分地辩论，行政决策对利益的分配和调整就难以公平。网络作为公民参与行政决策的平台，让公民有机会参与行政决策的辩论过程。例如"国家法定节假日调整方案"的决策，相关决策部门在最初方案出台后及时通过互联网了解公众意见和愿望，决策方案不断修正和完善，最终决策取得相对比较满意的效果。政府部门主动与网民开展"零距离"网络对话，越来越多的政府微博出现，都是希望激发公民参与决策讨论的热情，使网络真正成为决策机关与社会公众互动的平台。

公民参与中的公民不完全是被动方，在决策过程中没有主动开放公民参与的情况下，来自民间和社会的力量通过网络等舆论手段，对公共决策施加影响，迫使决策机构与公众进行互动。[①] 网络民意"倒逼"行政决策不得不形成互动参与式的决策模式以适应网络时代的要求。"政府出于压力开始有意识的提供相关利益主体在决策中的参与机会，特别是在那些事关重大公共利益的行政决策。"[②]由于社会利益多元化以及网络民意的强大影响，行政

---

① 蔡定剑：《公众参与：风险社会的制度建设》，法律出版社 2009 年版，第 6 页。

② 魏建新：《论利益相关方参与行政决策》，载《河北法学》2014 年第 6 期。

决策更多地表现为决策机关回应网络民意，网络民意又转而影响政府决策。仅仅让公民把自己的意见反映给决策机关远不能称为"决策参与"，衡量"公民参与决策"的标准是公众意见究竟在何种程度上能影响甚至改变行政决策。

四、行政决策公民参与的制度保障

我国法律对行政决策参与的规定大都是任意性的，而非强制性的，这样很容易造成公民参与权的丧失和剥夺。"公众在决策过程中的参与及其效果，关键并不在于某种方式和形式规则，而在于在主体性上尊重他们的权利和知识，通过引入公众的知识和价值诉求，展开一个有效的、开放的讨论、对话和寻求相互理解的过程。"①在行政决策参与中实现政府与公民的互动，公众与公共利益对行政决策结果的实现依赖于程序规则的设计，②必须强化法律制度安排来保障社会公众的网络参与权。

（一）决策信息公开制度

在讨论信息公开和决策参与之间的关系时，往往会有这样的疑问，信息公开与决策参与到底谁为因谁为果：是信息公开导致了公民能够参与到行政决策的过程中，还是公民的参与热情迫使政府公开相关的决策信息。

信息公开是公民参与行政决策的前提条件。信息公开导致公民参与，因为行政决策的关键应当是保证公民的知情权，公民首先应当知道决策的相关信息才能采取行动，公民的参与可以促成信息的进一步公开。如果行政决策过程不透明，公民就会以某些表

---

① 王锡锌：《公众参与和行政过程——一个理念和制度分析的框架》，中国民主与法制出版社 2007 年版，第 257 页。

② 肖北庚：《行政决策法治化的范围与立法技术》，载《河北法学》2013 年第 6 期。

象猜测政府可能的行动,这会造成政府与公民之间的不信任。在这一过程中信息的公开应是公民参与行政决策的前提。

行政决策参与的前提是信息公开,保障公民知情权,这既是公民表达意见的基础,也是决策机关听取意见的基础,更是决策机关与社会公众之间良性互动的基础。“大家感觉信息通常处于被管理、控制或操纵的状态,这对公民的参与能力构成了限制。”[①]公民若无法知晓与决策相关的信息和内容,利益诉求的有效表达就成了无稽之谈。

“大数据”时代,政府网站、政府微博、微信公众号等已经逐步成为公民获取行政决策信息的重要窗口。虽然各级政府网站将相关的决策信息发布在网上,供公民查询,但信息的全面性、可靠性、时效性等方面存在欠缺,形式意义远远大于其实质内容,网站上的信息内容数量少、过于陈旧、更新速度慢,甚至还存在一些错误和虚假的信息误导公众。虽然说一些地方在主动公开决策信息方面做出一些努力,例如开通了“市长留言”、政府微博等,及时回应公众疑问,但是这种敞开心扉的面对面信息交流目前仍是少数,往往寄希望于政府领导人的开明来实现,因为政府和官员的保密意识远远大于公开意识,[②]更多的是政府部门没有履行信息公开的职责意识,对于信息公开消极不作为,即使回应公民的信息要求,常见的情形或是答非所问,或是避重就轻,或是搪塞敷衍,网站上政务信息公开的栏目形同虚设,成了装点门面的“花架子”,社会公众难以获得实质性的决策信息。对于公民申请信息公开的程序,

① [美]谢里尔·西姆瑞尔·金、凯瑟琳·M.费尔蒂、布丽奇特·奥尼尔·苏赛尔:《参与问题:通向公共行政中真正的公民参与》,载《公民参与》,王巍、牛美丽编译,中国人民大学出版社 2009 年版,第 60 页。

② 魏建新:《论我国建立政府公开制度的基础》,载《行政与法》2008 年第 1 期。

更多的考虑不是以方便知情权的行使和督促政府履行信息公开职责为目的，而是对公民获取政府信息在程序上进行过多限制。例如，要求信息公开的申请人出示身份证明文件、要求申请人证明与申请公开的信息有利害关系、要求申请人提出书面形式的申请等。

构建和完善行政决策信息的网络公开制度，是保障行政决策网络参与权的基础性条件。美国《网络信息公平使用法》规定，每一个公民都有权免费获得政府公布的任何信息，政府有义务为此提供网络支持。[①] 政府作为决策信息的权威供给者，有义务主动把拥有的信息公布于众，在政府网站上定期编制信息索引和查询指南，通过网络为广大网民提供真实可靠的决策信息。公民可以通过网络向政府申请公开相关决策信息，政府接受公民信息公开申请应及时予以答复，不提供信息的要说明理由。我国《政府信息公开条例》确立的原则是“以公开为常态，不公开为例外”，力求实现行政决策过程的透明化，“决策一旦做出，公众则有权了解整个决策的过程”。[②]

构建和完善行政决策信息的网络公开制度还应注意两个方面的问题。第一，实现预先性的信息公开。在互联网上，政府应及时发现网络谣言，及时发布权威的信息来化解网络谣言的蔓延，向行政决策涉及的直接利益相关者及社会公众公布事实真相，引导网络舆论，化解公民在一些决策事项上的误解。通过政府网站预告

---

① 童星：《网络社会及其对经典社会理论的挑战》，载《南京大学学报》2001 年第 5 期。

② 戴建华：《行政决策的价值理念——以正义为中心》，国家行政学院出版社 2012 年版，第 241 页。

行政决策,避免网络谣言导致公众对行政决策的误解。[①] 第二,注意在网络互动中公开决策信息。由于公民所能得到的信息往往都是政府公布的信息,公民在信息公开中处于明显的被动地位,实现公民权利型的信息公开,发挥公民在信息公开中的主动性,强化政府对公众信息需求的回应。为了使公民能够对行政决策提出更具有针对性的意见,政府可以提供决策咨询,解答公民对行政决策草案认识上的疑惑,当前“政务微博”是政府信息公开的网络新手段,政府应把这种单纯发布信息的“自媒体”变成与公众信息互动的“公媒体”。

(二)网络民意表达制度

信息征询模式是以信息为视角的决策模式,克莱顿·托马斯将其称为改良的自主管理决策模式,管理者从不同的公众群体中搜寻信息,然后独自决策,公民群体的要求可能会也可能不会得到反映。[②] 随着通讯技术和信息技术的发展,这一决策模式的适用范围也越来越广泛,它有可能出现在某一决策的制定前期,作为对决策相关信息的收集工具出现在决策的运行过程中,也有可能作为一项单一的决策模式独立使用。

信息征询在很多情况下会和其他决策模式配套使用,在这种情况下,信息征询作为行政决策前期的准备工作,有重要意义。信息征询的对象有两类,一类是专门针对决策专家的知识征询,另一类是针对相关利益方的意见征询。当信息的征询工作与决策达到

---

① 《中华人民共和国政府信息公开条例》第 6 条明确规定,行政机关发现影响或者可能影响社会稳定、扰乱社会管理秩序的虚假或者不完整信息的,应当在其职责范围内发布准确的政府信息予以澄清。

② [美]约翰·克莱顿·托马斯:《公共决策中的公民参与》,孙柏瑛等译,中国人民大学出版社 2010 年版,第 27 页。

良性互动时,它就会促进决策目标的实现。当信息的收集工作与决策发生错位,甚至是被决策者忽略时,决策的科学性、正当性就会产生质疑,决策自然无法得到顺利执行。在怒江水电站建设工程决策中,当地政府无视专家学者、各个利益团体、当地百姓的呼声一意孤行,产生了极其恶劣的影响。虽然该方案由于环保组织、当地民众的强烈抗议被搁置,但是其反映的现实也是值得我们注意的。在这一案例中,直接的利益相关方有三方:国家水电公司、政府、当地民众。在整个决策过程中,住民作为直接利益相关的一方一直没有出现。[①] 这就反映了,在决策的可行性论证阶段,当地政府根本没有意识到当地住民参与的重要性,虽然当地政府承诺在大坝建成后会带动当地经济发展,为居民创造就业机会,但是很难想象当地方政府被大型国有企业的税收所绑架的时候,这些领导能在多大程度上考虑原住民的利益需求呢?在这种信息征询与其他决策模式配合的情形下,信息征询模式不能反映公民参与的程度,公民参与的程度是由该项决策的主要模式决定的。

当信息征询作为单一的决策模式出现的时候,情况似乎明朗了很多。某些行政决策的性质决定其不需要较高的公众接受度,所以在决策制定过程中,相关受众的意见只起参考作用,决策者不会将收集得到的信息作为决策的依据,这符合托马斯的定义。随着网络时代的到来,这种信息搜集的成本更加低廉,使得政府更加倾向于在网络上听取公民的意见。在这种模式下,相关公众有了参政议政的平台,公民参与发挥的是发表建议的作用,也就是制造“信息”的作用,政府作为管理者将收集上来的信息进行分类汇

① 竺乾威:《地方政府决策与公众参与——以怒江大坝建设为例》,载《江苏行政学院学报》2007 年第 4 期。

总,结合自己的意志以及专家的意见,确定最终的方案。也就是说,对于行政决策决定权在政府,公民并不构成利益博弈中的必然一方,但公民所表达的信息直接影响着决策的理性。

公民参与行政决策的重要特点就是在行政决策过程中民意能顺利地表达出来,成为决策者的重要考量因素,而不是“在决策制定后才向公众征询建议”。[①] 民意通过网络表达出来,与传统民意表达方式完全不同,其往往具有突发性和迅速性的特点。如前文所述,网络具有强大的民意聚集功能,往往让决策者们措手不及。

法律制度自身的适应网络社会的能力不足,原有的制度设计尚不具备有效应对网民利益表达的需求。当前网民的利益表达以非制度化为主,多元利益的表达不够畅通,公民在互联网上的利益表达很难输入到行政决策渠道中。一些政府机关视网络表达为洪水猛兽,对于网络中的汹涌民意,一些政府官员不仅不畅通表达渠道,反而采取回避、拖延、捂盖的方式,甚至想尽办法来堵塞民意表达,其后果使政府与公民之间形成严重对立,把矛盾激化,让事态扩大,使政府决策陷于被动的境地。以微博为例,一些政府部门一味地通过删帖、封号等手段去控制非官方微博,限制网络民意的表达,这种过于严厉的措施不仅不能有效纠正微博舆论,而且也限制公民在微博上的言论自由权。政府通过网络提供的大多数服务目前仅限于信息发布,双向互动服务的能力非常薄弱。[②] 对官方政务微博也经常采取不管不问的态度,或者使用官话和套话,阻碍政府与公民之间的真诚交流,影响了公民对行政决策的真实利益表达。

---

① [美]约翰·克莱顿·托马斯:《公共决策中的公民参与》,孙柏瑛等译,中国人民大学出版社 2010 年版,第 27 页。

② 陶文昭:《电子政府研究》,商务印书馆 2005 年版,第 154 页。

网络民意表达制度就是要畅通网络民意的表达渠道。令人欣喜的是，许多政府网站实现的网络在线服务非常方便公民表达利益诉求，一些政府网站还设立专题进行专门的网上调查，设置具体决策议题的政务论坛，便于接收公民提出的具体意见和建议，积极开展"网络问政"、主动畅通网络民意的表达渠道。行政决策机关运用和依靠互联网平台，就重大的决策议题问计于民，及时全面倾听公民意见。建立顺畅的政府与公民互动的互联网渠道，公民参与是设置网络民意表达渠道的价值所在，当公民要对某一决策方案评论时，其有合理的参与途径。

为了使行政决策体现民意，必须完善网络民意表达的法律制度建设，使公民在行政决策过程中的民意表达法治化。有的国家法律规定政府重大改革出台前要进行民意调查，以保证决策符合民意。[①] 网络民意表达的法律制度中，首先是确立公民在行政决策中的合法主体地位，将网民在行政决策中的权利，特别是网络环境中的言论自由权予以明确；其次是针对网络上的民意表达，要设立民意表达和意见征集的法律机制，使网络民意能够通畅地通过法定程序进入行政决策过程中；最后是要保证公民在行政决策过程中网络表达的程序化，将网络民意表达的方式、步骤、顺序、时限等程序规则精细化，使公民意见的表达不但能保障权利而且程序法定。此外，由于互联网具有超越地域的特点，互联网上的民意表达就具有超越行政地域的特点，需要在地方分散立法的基础上，出台适用于全国范围的网络民意表达的法律规范。

（三）听取意见制度

信息互动是完善行政决策的必要条件。公民参与行政决策的

---

① 杨寅：《行政决策程序、监督与责任制度》，中国法制出版社 2011 年版，第 99 页。

途径主要有:投票选举利益代表参与公共决策,直接或间接参与行政决策听证会,通过参加讨论会、座谈会、民意调查等表达自己的意见与建议。公民参与可以进一步的促进行政决策信息的公开。行政决策的完善与政府和公民之间的信息互动密不可分,政府在推出一项政策的同时必然期待着其能达成预定目标,大多数政策都属于这一范畴。但是公民对于政府天生具有防御性,这种防御性无论是积极的还是消极的都会导致人们对于决策的接受度不高。这种结果是管理者不愿意看到的,信息的互动是提高公民对于决策接受度的良方。政府通过与相关受众之间进行信息交换,寻找使决策得到实现的折中方案。在这个过程中,政策的方案可能在一定程度上偏离预期的轨道,但是最终确定的方案却指向了公民接受的正确方向。在协商和妥协中,双方的利益总是互为损益的,同时会对自身的利益有合理的预期。

行政决策参与的实质在于决策机关听取公民意见,利用现代网络技术充分听取公民对行政决策的意见是时代的要求。行政决策的网络参与不是决策者通过网络进行宣传,而是通过网络进行决策对话。不是决策者说,公民听,而是公民说,决策者听。公众的意愿和要求表达出来并受到决策者的认真对待,重要而合理的意见得到充分的考虑。[①] 听取意见的意义是回应,参与是公民的权利,回应是政府的义务。网络民意在行政决策参与中发挥作用的大小是与政府回应力成正比的。政府回应力高,网络民意在行政决策参与中发挥的作用就大。缺乏合理的反馈机制,对公民意见和建议不够重视,公众参与的热情就不会很高,参与热情必然影

---

① 刘莘:《法治政府与行政决策、行政立法》,北京大学出版社 2006 年版,第 239 页。

响到公众参与水平的提高。[①] 听取意见制度是实现“公民有所呼，政府有所应”的双向互动交流。

当前行政决策网络参与中的最大问题是网络民意回应机制的缺失。缺乏一整套应对网络媒体、回应网络民意的体制机制，无法确保政府回应的常态化、及时性与权威性。[②] 当前一些地方政府对待网络意见，要么视而不见，不予理睬；要么简单回复，敷衍了事；要么推三阻四，欺骗愚弄。由于公民的网络参与是以讨论的形式出现在行政决策过程中，公民在网络的讨论交流中形成的代表性观点只具有建议性质，由于相关信息和程序的不公开也很难获知公民意愿是否被采用。行政决策参与中的真正困难不是公民利益诉求的表达，而是来自政府对网络意见回应力度小或是不回应。公民登陆政府网站、微博是表达利益诉求或决策建议，得到的却是自动回复的“感谢您对政府工作的支持”等客套用语，而期待的实质性回应却置若罔闻。政府用官话、套话、空话、错话来回应公民，流露出的官僚气息以及敷衍搪塞的企图，招致公众更大的反感。[③] 对网络民意的茫然往往导致决策方案与网络民意的对峙，在一定程度上增大了公民以非法方式参与行政决策的可能性。

更好地听取网络意见为政府决策所用，听取意见的法律制度的构建和完善就极为关键。德国联邦议院设立的处理公民意见专门委员会自 2005 年开始通过互联网了解公民意见，开设平台公布公民意见内容，他人可以附和签名，形成集体性意见，专门委员会要分别处理：采纳的意见，要求政府提出立法草案或者修改立法，

---

① 王周户：《公众参与的理论与实践》，法律出版社 2011 年版，第 5 页。

② 李琼瑶：《网络舆论的现状与引导》，载《湖南行政学院学报》2006 年第 2 期。

③ 汤景泰：《论新媒体语境下公共决策中的民意沟通》，载《暨南学报》（哲学社会科学版）2013 年第 8 期。

或者转到政府参考;不能满足的意见,要答复并说明理由。[①] 听取意见的法律制度首先是建立主动获取网络民意的法律机制,收集与分析网络民意;其次是网络民意咨询机构,由热心网民代表、公共知识分子、网络意见领袖以及网络舆论专家等组成,将理性的、有价值的网络民意提交政府决策机关;再次是建立互联网听证制度,就重大行政决策事项举办网上听证会,充分发挥互联网参与的平等性、多元性、广泛性、直接性和便捷性优势,给公民参与行政决策提供有效途径;最后是确立听取网络意见的反馈制度,通过法定程序限期回应,对公民提出的网络意见是否采纳要予以说明,特别是不采纳的意见更应说明不采纳的理由。

---

① 刘平、钱焰青:《德国立法与行政决策中的公众参与》,载《上海法学研究》2008年第4期。

第七章　利益相关方参与行政决策

“行政决策是行政管理工作的核心，行政管理的整个过程都是以行政决策为基础的。”[①]行政决策广泛存在于政府行政管理的各个领域，直接涉及社会各个方面的重大利益关系和重大社会资源的分配，成为与社会公众联系最紧密、最广泛的政府行为。公众参与行政决策是政府行政管理的基本要求，而利益相关方参与行政决策是行政决策的重要机制。

一、行政决策与利益相关方

行政决策是一种重大的行政行为，既可以表现为抽象行政行为，也可以表现为具体行政行

---

① 许文惠、张成福、孙柏瑛：《行政决策学》，中国人民大学出版社1997年版，第1页。行政决策是关系到行政工作全局和政府工作成效的决定性因素。参见贺善侃、黄德良：《现代行政决策》，上海大学出版社2001年版，第13页。

为。行政决策是将形成政府的方针、政策、规定、命令、规划等具有普遍约束力的决定以及行政机关在行政管理过程中针对特定对象、特定事件、特定问题所作出的具有重要意义的决定。[①] 然而，无论行政决策是抽象行政行为还是具体行政行为，其本质都是利益的调整与分配的过程。利益的分配与政府的决策作为一个动态的过程，是各种利益主体把自己的利益要求输入到行政决策中，由决策者依据自身的价值判断，对复杂的利益关系进行调整、综合的过程。"行政决策实质上是各种利益群体把自己的利益诉求投入到决策形成系统中，由决策主体依据公共利益的要求，对复杂的利益关系进行调整的过程。"[②]因此，行政决策过程就是在各个不同利益主体之间进行利益分配、调和的过程。

利益相关方的理论最早出现在企业管理中。1984 年，美国经济学家 R. 爱德华 · 弗里曼在《战略管理：利益相关者管理的分析方法》一书中，将其作为企业战略管理的一种分析工具。他认为"利益相关者是指任何能够影响企业目标的实现，或受企业目标的实现所影响的个人或群体。"[③]后来，该概念被广泛应用到管理学、经济学及行政学等领域。我国的一些政府文件也开始引入并使用这一概念。2010 年 10 月 10 日国务院印发的《国务院关于加强法治政府建设的意见》中提出，"在重大决策执行过程中，决策机关要跟踪决策的实施情况，通过多种途径了解利益相关方和社会公众对决策实施的意见和建议，全面评估决策执行效果，并根据评估

---

① 杨海坤、李兵：《建立健全科学民主行政决策的法律机制》，载《政治与法律》2006 年第 3 期。

② 杨寅：《行政决策程序、监督与责任制度》，中国法制出版社 2011 年版，第 123 页。

③ [美]R. 爱德华 · 弗里曼：《战略管理：利益相关者管理的分析方法》，王彦华、梁豪译，上海译文出版社 2006 年版，第 32 页。

结果决定是否对决策予以调整或者停止执行。"2012 年 11 月 22 日教育部印发的《全面推进依法治校实施纲要》中提出,"为提高制度建设质量,要求学校制定章程或者关系师生权益的重要规章制度,要遵循民主、公开的程序,广泛征求校内外利益相关方的意见"。行政决策中的利益相关方是指能够影响行政决策利益的调整过程或者利益可能受到行政决策过程影响的个人或组织。从利益相关方的角度来看,行政决策实际上是把不同利益相关方的利益要求输入到决策过程中,对各种利益进行调整。行政决策中的不同利益相关方都是站在自己立场上提出有利于自身的利益要求,因此会带来利益冲突,行政决策成为利益相关方利益冲突的集中体现。

利益相关方在行政决策过程中不是消极被动地等待利益被调整,而是积极主动参与行政决策的过程。行政决策已不再是政府控制下的封闭决策,而是在利益相关方参与下的开放决策。利益相关方参与行政决策,是指政府在做出影响利益相关方利益的行政决策之前,利益相关方有权向政府表达意见、提出诉求,政府有义务听取其意见、回应其诉求。

二、利益相关方参与行政决策的社会背景

当下中国正处于社会转型的关键时期,社会转型给政府管理带来了许多新的变化与挑战。利益相关方参与行政决策不再是被动和装潢门面,而是实实在在的利益主张和权利保障。

(一)利益多元化的社会格局

从传统社会向现代社会转型必然带来利益结构的变革。改革开放以来中国社会转型带来社会利益格局的深刻变革,利益主体的分化是最明显的变化,利益格局由计划经济体制下的一元化向

市场经济体制下的多元化转变。①

在传统的计划经济体制下,意识形态上轻视个人利益,个人利益至上受到普遍批判。个人被视为国家大机器上的螺丝钉,个人服从集体是社会共识。国家作为最高的利益主体垄断一切利益,个人的利益依附于国家利益,形成国家利益至上并且统摄个人利益的局面,个人利益往往被忽略。整个社会的利益是非竞争性的,利益是一元化的。

随着市场经济的确立和发展,一元的利益主张被多元的利益取向所代替,利益呈现出多元化趋势。"单位人"的人身依附关系逐渐解体,个人也逐步摆脱身份束缚,个人利益在不断地发展壮大并受到重视与保护。个人可以正当地寻求自身利益的最大化,各个利益主体都在积极争取和促进自身利益,利益竞争成为主导整个社会的规则。既然利益要在市场上展开竞争,那么一部分人利益的满足即意味着另一部分人利益的丧失。由于现实中不同利益主体在追求利益能力上存在巨大差异,优胜劣汰的市场竞争机制就直接造成利益的不平衡。在多元化利益格局中,利益不平衡现象越来越明显,在一定程度上加剧了彼此间的利益冲突和对抗。

多元化利益格局中利益冲突和对抗给行政决策带来了挑战,实现利益均衡是行政决策无法回避的问题。行政决策失误更容易激起不同利益主体的不满,甚至带来剧烈的社会动荡。行政决策中不仅要承认社会利益分化的现实,还要承认多元利益诉求的存在,不仅要承认不同利益主体追求利益的正当性,还要承认不同利益主体参与决策权利的正当性。

---

① 张树义教授把城市主体的分化总结为:(1)社会成员的分化;(2)新的地位群体的出现;(3)体制内主体的分化;(4)社团的出现。参见张树义:《中国社会结构变迁的法学透视——行政法学背景分析》,中国政法大学出版社2002年版,第47~53页。

（二）公民参与意识的觉醒

社会转型不仅激发了人们追求利益的本能，而且也提供了人们实现利益的社会基础。市场经济确立了个体化的利益主体，带来经济活动中的平等和自由追求，实现市场主体的个性解放，这有助于培育整个社会的主体意识，强化整个社会的利益观念，激发整个社会的利益追求。当人们不再或者不能再完全依赖于单位来实现利益时，则意味着利益的实现更多要依靠自己，依靠自己的争取。在多元化的利益竞争格局下，利益主体只有在争取中才能实现利益。

利益与个人越贴近，个人对利益就越在乎，个人对利益的追求就越迫切，个人对参与利益实现的动机就越强烈。利益实现不仅体现在利益主体要去关注利益现状，更要去参与利益实现；利益参与的实践越多，越能在参与中得到利益。

参与行政决策更多源于参与意识的觉醒，人们已经认识到行政决策权力的运行对自身利益的实现有着决定性影响，人们已经不满足政府的封闭单向决策，而是希望能参与并影响政府的决策，特别是与自身利益直接相关的政府决策。人们已经不再消极地等待政府决策，而是积极主动地参与政府决策，把自身利益转化到行政决策中，参与行政决策的愿望日益增长。某些利益追求具有共同性而自然形成各种利益组织，人们更多依赖于各种利益组织来参与行政决策实现利益。当前各个利益群体的组织化程度在逐步提高，越来越多的组织充分认识到他们有能力去影响行政决策，因此不仅开始逐渐参与行政决策而且对决策参与提出了更高的要求。

公民参与意识的觉醒给行政决策带来了前所未有的压力。政府出于压力开始有意识地提供相关利益主体在决策中的参与机会,特别是那些事关重大公共利益的行政决策。

(三)维护社会稳定的现实

由于历史形成的地位和传统管理的思维定式,政府在整个社会治理中处于绝对的支配地位,权力的触角伸到了社会的各个领域,整个社会处于政府的强力控制之下,然而政府的控制却很少或者不需要公民的参与。

当前是社会转型的关键期,也是各种利益冲突走向极端的高发期。社会不稳定的背后是利益诉求渠道的堵塞,利益表达渠道成为摆设,利益维护方式流于形式。由于缺乏有效的制度作为保障,不同群体之间的利益冲突无法缓和和化解,正当利益保障不够,日积月累酝酿出严重的社会危机,以不可控的力量冲击现有秩序,引发社会不稳定。群体性事件作为一种极端的利益表达,是特定利益群体对现有利益安排的一种强烈不满。群体性事件中利益表达是无序的,采取的诉求手段是极端的,通过把事“闹”大来扩大社会影响,通过把事“闹”大给政府施加压力,通过把事“闹”大来解决利益保障。面临着社会不稳定,政府的直接任务是维护社会稳定。然而政府在处理以利益冲突为主的社会矛盾时,往往将正当的利益表达与社会稳定对立起来,通过压制弱势群体的利益表达,来实现社会的暂时稳定。①

参与不平等导致的行政决策不当往往也是引发社会不稳定的根源。利益主体之间的实力差距对行政决策的影响有明显差别。强势利益主体掌握较多资源,具有足够的实力来影响行政决策,借

---

① 中国目前的“维稳”工作经常忽视对公民参与和利益诉求的制度化吸纳,社会政治不稳定对象和问题极易被“泛政治化”和意识形态化,大大压缩了各利益相关者之间民主协商与政治妥协的可能空间,加剧了不稳定问题的治理难度。参见唐皇凤:《“中国式”维稳:困境与超越》,载《武汉大学学报》(哲学社会科学版)2012 年第 5 期。

助决策公权力干预利益分配以增加自身利益甚至谋取额外的不当利益。弱势利益群体由于主体分散而组织化程度较低，无法在行政决策中有效表达利益诉求，行政决策中利益被忽视和丧失。弱势利益群体由于行政决策而产生不满和怨恨，引发社会冲突，导致社会不稳定。[①] 弱势群体利益在行政决策中得不到保障的社会现实不容忽视。

面临维护社会稳定的现实，行政决策的利益协调将更加复杂。行政决策要适应这一现实，要顺应利益主体的参与要求。“如果主导者在制度安排的力度与方向上得当，对不同社会群体之间的利益表达、利益综合与利益实现的途径、条件与方式上准备得充分，能够因势利导，那么结构紧张就会趋于和缓，社会结构在新的制度条件下就会平衡与稳定。”[②]只有实现行政决策中的平等参与才能使各个利益主体都充分表达利益诉求，也只有平等参与才能使行政决策更加公正地平衡利益。

三、利益相关方参与行政决策的理论基础

利益相关方参与行政决策不仅是社会现实的反映，也是法治理论和政治理论的要求。

（一）直接民主理论

从间接民主到直接民主，从代议制民主到参与民主是现代行政的必然要求。“民主的广度是由社会成员是否普遍参与来确定

---

① 由于各种现实原因所致，目前公众参与公共决策还存在诸多障碍，从而导致公众对于一些公共项目的政府决策极为不满，于是引发了政府与公众之间的矛盾甚至冲突。参见任中平：《政府公共决策思维模式的透析与转换》，载《领导科学》2012 年第 27 期。

② 李汉林、魏钦恭、张彦：《社会变迁过程中的结构紧张》，载《中国社会科学》2010 年第 2 期。

的，而民主的深度是由参与者参与时是否充分，是由参与的性质来决定的。"①参与是实现行政民主的必要途径，民主行政就是公民能积极、主动地有效参与行政管理过程。行政民主就是，作为行政管理的社会公众要摆脱在行政权力面前俯首帖耳、任其摆布的劣势，公民在行政权力面前的姿态也应像行使选举权时那样当家作主的理直气壮。行政民主要求行政程序的设计和进行应确保公民的有效参与，以听取公民的意见和呼声。

作为"直接民主"形式的参与进入行政决策是一种典型的"维权式"民主。当个人的权益可能受到行政决策影响时，允许其为自己利益参与行政决策过程，这体现了行政对于个人尊严和个人利益的尊重。参与行政决策体现政府对利益相关方的尊重。"政府决策和立法过程的透明性，是实现法治的一项基本要求。政策和法律应当在利害相关者的参与之下形成，并且使全体人民一体周知。"②利益相关方参与决策意味着利益相关方的意见将可能被体现到决策中，这将改变了以往单方面"命令—服从"的决策模式，代之以通过吸纳利益相关方的参与和理性对话而作出决策的模式，这样的结果是一种行政权力——公民权利的良性互动。③

为了能在行政活动中给利益相关方提供参与的机会、参与的途径、参与的方式和最终达到参与的效果和目的，就要在行政决策

① ［美］科恩：《论民主》，聂崇信、朱秀贤译，商务印书馆1988年版，第21页。

② 黄钟：《吴敬琏：决策公开化的一个良好开端》，载《物资流通研究》2000年第11期。

③ "参与制度作为公共决策改革的先驱，能否成为中国公共决策体制民主化的重要机制，发挥它在国外没有的但符合中国国情的独特功能，在于它能否在中国现有的政治生态里，令人信服地取代政策事项投票、团体施压、示威游行等西式民主习俗。"参见彭宗超、薛澜、阚珂：《参与制度——通明决策与公共治理》，清华大学出版社2004年版，第34页。

过程中来赋予利益相关方参与权。因为“在制度层面中,民主是由若干组权利要素构成的。没有这些权利要素作为细胞,民主就是毫无生命力的枯躯朽体”。[①] 参与作为一种桥梁和纽带,将利益相关方对政府决策的知情权和表达权有机地结合在一起。行政决策中只有政府听取利益相关方意见、回应利益相关方诉求,利益相关方才能真正参与行政决策权的行使过程。另外,“从公民实现参与权的最佳方案的选择看,事先参与显然优于事后参与,预防性参与显然优于追惩性参与”。[②] 利益相关方的参与权正是对行政决策进行过程的“事先参与”和“预防性参与”,这同样是行政决策民主的核心要素。

(二)权力制约理论

权力应受到制衡的缘由之一就是“人性恶”的理论假定,特别是休谟提出的政府官员无赖假定理论。在设计法律制度时“性恶论”就成为重要的考虑因素。行政中应遏制人性恶的内容,约束政府的恶性,这是行政法治始终追求的目标。

参与来源于诉讼上的“亦应听取对方当事人的意见”,其思想根源是英国普通法的自然公正,它是英国皇家法院对下级法院和行政机关进行监督时,要求其公正行使权力。参与是支配行政机关活动的程序规则,而不是实体规则。“一个巨大的权力如被专横地行使,那将成为一个不能忍受的暴力。程序的规则之所以重要,正是由于在实体法上不能不给予行政权力的缘故。”[③]程序规则是

---

① 程燎原、王人博:《赢得神圣——权利及其救济通论》,山东人民出版社 1998 年版,第 199 页。

② 章剑生:《行政行为说明理由判解》,武汉大学出版社 2000 年版,第 49 页。

③ 王名扬:《英国行政法》,中国政法大学出版社 1987 年版,第 152 页。

一种“看得见”的规则，[①]是要求一切权力行为公开进行的规则。参与是体现权力法治的一项具体程序制度，参与要求行政权力不能随意违反决策程序，或者随意改变和增减决策程序。参与可以使行政机关的决策权力及其运用展示在公众面前，将行政决策过程暴露于公众面前，接受公众的监督。参与要求行政决策行为有绝对的透明度，透明度越高意味着行政决策受公众监督的程度越高，决策能够受到参与的制约程度越高，行政机关在作出决策时就不得不慎重考虑其决策裁量权，最大程度地制约行政决策自由裁量权的滥用。

以权制权，即以权力制约权力已被公认为法治的基本要求，而权利制衡权力同样是法治发展的基本内容，也是制约权力必不可少的方式。权力与权利的关系一直是个经久不衰的法学命题。一方面，权力必然要服务于权利的实现，权力的行使最终约束在保障权利的正当目的上。另一方面，实现权利制衡权力，“一个发达的法律制度经常试图阻碍压制权力结构的出现，其依赖的一个重要手段便是通过在个人和群体中广泛分配权利以达到权力的分散和平衡。”[②]以参与权制约行政决策权的滥用，因而就成为制约权力的一种重要方式，这也是权利体系发展的必然要求，特别是行政决策对利益分配越来越发挥重要作用的今天，利益相关方参与权对政府行政决策权力的制约功能将大大增强。参与权既保护了决策利益相关主体的程序权益，又监督了行政决策机关公平实施决策权。[③]

---

① 程序正义——历来被称作“看得见的正义”。参见孙笑侠：《程序的法理》，商务印书馆2005年版，第93页。

② [美]E. 博登海默：《法理学——法哲学及其方法》，华夏出版社1987年版，第342页。

③ 孙秀君：《决策法学》，人民法院出版社2000年版，第317～318页。

（三）正当程序理论

美国哲学大师约翰·罗尔斯在其名著《正义论》中提出，正义是以程序为着眼点的，“公正的法律秩序是正义的基本要求，其取决于一定形式的正当过程，而正当过程主要是通过程序来体现。”①正当程序是美国行政法的特色，其实践源于美国宪法修正案第5条和第14条的规定，“未经正当的法律程序不得剥夺任何人的生命、自由或财产”，“任何州不得未经正当的法律程序而剥夺任何人的生命、自由或财产”。正当程序的意义就是公正行使权力，要求行政机关作出不利的决定时，必须听取决定利害关系人的意见，参与权力运行就成为公民根据宪法正当程序所享有的基本权利。

行政权力调整利益冲突的程序必须是公正、合理的，这是行政权力行使的基本要求，从而也确立了行政决策的正当程序基础。决策参与是正当程序的应有之义，这不仅表现在决策的制定上，同样也体现在决策的实施上。② 正当程序的核心要素是参与的权利，当某个行政决定将要影响特定当事人的权益时，这些当事人应当享有了解作出该决定的相关信息、反驳对自己不利的观点、表达自己意见的权利。美国著名的行政法学者K. C. 戴维斯指出，“由于政府行为或某个决定而可能受到影响的当事人应当被赋予了解有关信息并为自己利益辩护的机会”。③ 正当程序要求权力公开

---

① John Rawls, *A Theory of Justice*, The Belknap Press of Harvard University Press, 1971, p. 239.

② “政府权力的行使过程必须满足某种最低限度的公平，专注于政府政策执行的方法和程序，保证政府施加管制或惩罚的过程的公正性。”参见王锡锌、傅静：《对正当法律程序需求、学说与革命的一种分析》，载《法商研究》2001年第3期。

③ 转引自王锡锌：《程序正义之基本要求解释：以行政程序为例》，载《行政法论丛》，法律出版社2000年版。

和权力公正,要求权力告知和权利参与,这就决定了决策参与是正当程序最充分、最集中的体现。利益相关方参与行政决策,是遏制行政恣意和弥补政府知识缺陷的有效途径,是实现政府决策公平性的必要条件。政府在行政决策中保持不偏向任何一方利益主体的中间立场,通过利益主体的参与,全面了解行政决策各方利益主体的诉求,把握决策问题的利益本质,从程序上保障决策的正当性,使纷繁复杂的实体利益通过程序来排除恣意,实现行政决策的程序公正和实体公正。

(四)服务行政理论

以服务为导向的行政,概括而言,即将政府由原来的控制者改变为服务者,这将彻底改变政府高高在上的权威心态。著名公共政策专家詹姆斯·安德森指出,"政府的任务是服务和增进公共利益"。[1] 对于服务行政而言,其最终的关注在于政府的服务能力,在于政府通过什么手段,如何更好地为公民提供服务。"行政的作用在于形成社会生活、实现国家目的,特别是在福利国家或社会国家中,国家的任务更是庞杂而繁重,行政往往必须积极介入社会、经济、文化、教育、交通等各种关系人民生活的领域"。[2] 服务行政中,行政被视为一种义务、一种责任。

服务行政成为现代民主国家的本质内容和基本要求。在传统政府行政管理模式下,人们大都自觉或不自觉地把行政管理视为

① [美]詹姆斯·E.安德森:《公共决策》,唐亮译,华夏出版社1990年版,第222页。"政府就是要解决民众遇到的所有问题,这种'照顾者'的政府角色已经得到了社会的广泛认同,随着联邦官员对这种理念的宣扬,它已经内化成为所有公民的固有观念。公民参与关注的问题是政府应该做什么,这回到了对政府职能的基本假设,即政府只做私营部门不能做的事。"参见[美]杰拉尔德·J.米勒、林恩·埃弗斯:《预算结构与公民参与》,载《公民参与》,王巍、牛美丽编译,中国人民大学出版社2009年版,第159页。

② 翁岳生:《行政法》,中国法制出版社2002年版,第16页。

一种自上而下的行政管制，认为整个管理体系必须以管理者即政府为中心。① 在这种行政模式下的社会运行的确能表现出井然有序，但明显缺乏活力。“以公民为中心”的服务行政理念下，政府把公众视为“顾客”，而不是把公众作为管理的对象，政府的目的不是对公众进行管制，而是为“顾客”提供公共服务。政府的社会职责就是根据“顾客”的需要向“顾客”提供服务，政府服务以“顾客”需要为导向，要求政府“满足顾客的需要，而不是官僚政治的需要。”②

行政决策以服务行政为根基，这是推进利益相关方参与行政决策的理论基础。让相关利益主体参与行政决策，使行政决策更加接近公民，使行政决策更体现各方利益。服务行政要求行政机关视决策为一种义务，一种为公众的服务义务。公民有权参与行政决策，政府向公众提供参与决策的机会和途径并非政府的恩赐，而是政府行政的服务性体现。在涉及各方利益冲突的行政决策中，各方利益主体有权要求行政机关公开决策信息，有权参与决策过程，有权表达利益要求。尤其在一些对一部分利益主体不利的行政决策中，其参与的作用表现得尤为明显，如果行政机关拒绝了决策利益相关方的参与，就直接成为决策利益相关方拒绝接受决策的辩护理由。

四、利益相关方参与行政决策的现实价值

决策参与就是表达意志、优化决策，利益相关方通过参与决策

---

① 孙选中：《服务型政府及其服务行政机制研究》，中国政法大学出版社 2009 年版，第 31 页。

② ［美］戴维·奥斯本、［美］特德·盖布勒：《改革政府——企业精神如何改革着公营部门》，上海译文出版社 1996 年版，第 149 页。

能增加决策理性,降低社会风险和防止虚假参与。

(一)协调利益冲突,实现行政效益

目前社会利益失衡加剧的趋势没有得到根本遏制,一些行政决策甚至还在继续扩大这一趋势,这种由于决策机制而存在的问题来自于决策观念上的错位。要扭转利益失衡趋势,政府不仅要承认社会利益分化和失衡的现实,而且要承认不同的利益群体追求自己利益的正当性和合法性,更要为不同利益群体表达和追求利益提供制度性安排。

现在一些行政决策较少考虑来自于弱势群体层面的利益要求,甚至无视社会基层中弱势群体的最低限度的正当利益,如不能有效及时的加以纠正,长此以往必定会影响行政决策的公信力,也会使社会公众对决策事务产生冷漠,甚至形成对政府的抵制和仇视。“在法律原则上,各种各样的社会利益是平等的,并且都可以得到相同程度的法律保护;社会正义的实现就在于这些不同利益之间的冲突在多大程度上可以通过公正、平等的程序予以解决。”[①]利益相关方参与在行政决策中应当成为社会不同利益主体表达利益和维护利益的有效机制。国外著名学者布坎南认为,在与公众有关的决策中实际上并不存在“根据公共利益进行选择”的过程,而只存在各种特殊利益之间的缔约过程。[②] 利益相关方参与行政决策,这为各方利益代表参与提供了平等的机会和途径,通过参与协调各方利益主体,把各种利益冲突控制在较小的范围内。只有真正把各种社会利益作为行政决策的基础,让各种利益的表达体现在参与程序中,才能让利益相关方参与成为行政决策

① 杨寅:《中国行政程序法治化——法理学与法文化的分析》,中国政法大学出版社 2001 年版,第 202 页。

② 刘善春:《行政诉讼原理及名案解析》,中国法制出版社 2001 年版,第 9 页。

过程中真正能协调和平衡各方利益冲突的有效机制。行政决策既要反映最大多数人的利益需求，又要保护少数人的正当利益，最终达到利益平衡。

（二）扩大信息汲取，增加决策的理性

利益相关方参与行政决策虽然损时耗力，但决策过程具有选择性与竞争性，能避免决策武断的冲动，有助于促进决策科学化。实践中，有些行政决策基本上是以领导的意志为转移，并且有些领导在决策中或是为了维护个人或地方利益，或是为了展示自己的权威。[①] 参与可减少决策上的流弊与个人的私欲，进而确保一个更可行及公平的决策。[②] 利益相关方参与行政决策其实是通过集思广益来弥补政府在行政决策方面的知识缺陷，为政府的公共决策提供知识支持。“有限政府”是现代法治国家的重要标志之一，“有限”既是指权力的有限性，同时也是指政府所掌握知识的有限性，而政府知识的有限性又决定了政府理性的有限性。从这个意义上讲，政府不可能是万能的。

利益相关方参与行政决策将为决策者提供更多的信息，对行政决策科学化产生实质性影响，为行政决策理性起到了至关重要的作用。行政决策存在着经济学意义上的“信息不对称”状况，行政决策失误往往产生于决策的“信息不对称”，政府的知识优势往往在于对“结果”信息的掌握比较全面、快速和充分，政府的知识劣势则是缺乏“过程”信息。行政机关在公共事务领域进行决策，这些决策活动实质上是通过政府与公众之间进行互动、协商、交

---

① 郭蕾：《法治视野下政府权力制约机制研究——以决策权、执行权、监督权互相制约为视角》，郑州大学出版社 2012 年版，第 65 页。

② 莫泰基：《公民参与：社会政策的基石》，中华书局（香港）有限公司 1995 年版，第 22 页。

涉、谈判等博弈过程来完成的。当前我国还没有形成完善的决策利益相关方表达渠道，使利益相关方无法在决策过程中有效充分地表达自己的利益诉求，直接导致行政决策机关在决策过程中无法获得全面、真实、可靠的信息。利益相关方参与行政决策可以通过吸纳民间知识资源弥补政府决策的“过程”信息，有助于政府部门制定出民主性、合理性和可行性兼容的公共政策，[①]有助于行政机关增加决策理性，实现科学决策。

（三）提高决策可接受性，降低社会风险

封闭决策虽然具有较高的效率，但由于不是各种利益主体的意愿表达，不是各种利益协调均衡的结果，难以具有民意基础，看似高效的决策常常会遭遇阻力和困难，甚至带来决策利益主体的强烈抵制，也严重损害政府形象。[②] 行政决策中的参与是政府和公民之间进行平等协商的对话，体现了行政决策中国家公权和社会公众之间的和谐。通过参与而得出的结果，基本上是大多数人愿意接受的；这样，一方面既可提高决策的合法性，另一方面又可减低执行时遇到的困难。[③] 从宪法意义上讲，在行政决策中的参与是一次社会公众参政议政的重大实践，其意义不仅仅体现在参与者的知情权、表达权，更重要的是利益主体参与了行政决策权力的运作，使行政权力的运行结果有了更深厚的民意基础。行政机关通过公众参与来吸纳民意，以尊重民意的姿态和彰显决策的开放性来赢得行政决策的正当性进而赢得公众的信服、遵从及支持。

行政决策的有效实施有赖于社会公众的道德认同，否则会消

---

① 刘武俊：《参与的法理意义》，载《南方周末》2001 年 7 月 27 日。

② 卢剑锋：《行政决策法治化研究》，光明日报出版社 2011 年版，第 55 页。

③ 莫泰基：《公民参与：社会政策的基石》，中华书局（香港）有限公司 1995 年版，第 24 页。

极懈怠,甚至招致民怨和抵制。只有自己的意志与利益得到了合理的体现,提高了社会公众对行政决策事项的认同感和支持度,社会公众在接受行政决策时才具有积极性和主动性。“公民参与的常规化平息了城市民众对政府的愤懑情绪,从某种程度上来说,参与分散了政府改革的压力。”[①]从经济学的视角讲,行政决策其实是提供公共服务的政府与以纳税方式接受这种公共产品的公民之间的博弈过程。参与在相当程度上可以化解作为管理者的政府与作为被管理者的公众之间潜在的对峙状态。适用得当和透明的参与,将使所有利害关系人从中受到教育,使每个对公共利益感兴趣的人达成一致意见,增进社会凝聚力,而且也使行政决策的质量更高,得到的支持更广泛。[②]

(四)防止行政决策中的虚假参与

“参与,是指当事者能够富有影响地参与到程序之中并对决定结果的形成发挥有效的作用。”[③]行政决策参与的实质是分享决策权力,但是在实践中的决策参与很大程度上被简单地理解为咨询和通报,丰富的参与内容似乎只剩下表面化的形式或口号化的表述。一些行政决策拒绝公开决策信息,而信息不对称性造成参与者无法获悉决策的准确信息,导致空洞的参与。例如,一些地方在价格决策中举行虚假听证或走过场的听证,事先已确定了涨价,听证中安排绝大部分甚至全部赞成涨价的代表参与听证,这不仅使听证会失去参与的效果,而且变成了操纵民意、掩人耳目的

---

① [美]勒妮·A.欧文、约翰·斯坦斯伯里:《公民参与政府决策:劳有所获吗?》,载《公民参与》,王巍、牛美丽编译,中国人民大学出版社2009年版,第16页。

② 刘东生、蒋安杰:《行政决策参与任重而道远》,载《法制日报》2003年12月18日。

③ 孙笑侠:《程序的法理》,商务印书馆2005年版,第107页。

手段。[①] 在看似声势浩大的参与表象下是“参与疲劳”的困境，公民参与产生挫折感，公众对决策参与倍感失望。行政决策参与实践与其制度设计初衷相悖，参与效果和参与目标越来越远，行政决策参与成为一个有名无实被架空的制度。

为什么参与的形式会大于其实质意义呢？一是源于计划经济体制的政府管理思维，政府习惯于包揽任何事情，行政决策被视为政府的事情，民众行政决策参与意识薄弱，参与热情不高，政府总是习惯于把行政命令的作风和方式带进行政决策过程中。即使存在的参与也是民众被动地参与，其反映的往往不是利益主体真实的意见；二是行政决策缺乏参与的基础，决策权力和决策资源完全掌握在政府手中，社会公众缺乏平等的资源能够与政府进行有效的对话，行政决策中“一味强调自上而下而可能忽视来自地方、市场和社会公众的现实需求和必要的信息”。[②]

行政决策参与流于形式的关键是，行政决策忽视利益相关方的利益表达。决策参与权的行使目的是利益相关方主动参与决策过程，维护并表达自身利益，防止利益失衡。利益相关方参与行政决策能有效遏制和杜绝行政决策参与制度被架空现象的发生。行政决策过程要求排除少数人恣意，保障多数人的利益，利益相关方的参与是这一过程实现的标志。有了利益相关方参与的有效制约，行政决策中各方利益才能实现真正的利益竞争和利益平衡。

---

① 国外也有类似的情况，“听证会的功能就是让官员有证据表明他们有引导公民参与的工作经历……况且，参与可以使他们摆脱对自身负面形象的担忧”。参见[美]谢里尔·西姆瑞尔·金、凯瑟琳·M. 费尔蒂、布丽奇特·奥尼尔·苏赛尔：《参与问题：通向公共行政中真正的公民参与》，载《公民参与》，王巍、牛美丽编译，中国人民大学出版社 2009 年版，第 61 页。

② 王锡锌：《公众参与和行政过程：一个理念和制度分析的框架》，中国民主与法制出版社 2007 年版，第 65 页。

五、利益相关方参与行政决策的制度保障

利益相关方的决策参与不能是一种通报和咨询的意义，实现利益相关方的有效参与必须发挥制度的保障功能。

（一）参与的前提——决策信息公开制度

决策信息公开是决策参与的前提，利益相关方只有掌握充分的决策信息才能实现决策的真正参与。决策信息不公开直接造成决策信息的不对称，利益相关方知情权无法得到保障，利益相关方在行政决策中的参与将受到很大限制，极大削减参与的效果，更谈不上对行政决策权的有效制约，经常性、规范化的信息公开制度对于保证公众参与的真实和有效极为重要。[①] 没有信息公开制度，行政机关在公众参与决策时的临时说明有可能误导公众。[②] 决策信息公开制度将打破政府决策封闭局面，实现政府与利益相关方之间信息的良性互动：通过信息公开，政府向社会输出行政决策信息，利益相关方对行政决策目标有明确认识，可以进行有的放矢地表达利益，反馈民意；政府实现对决策信息的全面掌握并甄别真实信息，提高决策的理性。

但长期以来，信息的主动权掌握在政府手中，社会公众很难了解，虽然地方立法也对政府信息公开都有规定，这些政府公开的规定概括起来有几个特点：一是由政府制定公开的规则，而不是由人大来为政府制定公开规则，难免有政府自我立法的嫌疑，存在控权、责任的不足；二是公开对象的政府级别总体上比较低，对下级政府的要求比较多，特别是乡镇政府的公开要求多；三是公开的范

---

① 参见姜明安：《公众参与与行政法治》，载《中国法学》2004 年第 2 期。

② 刘莘：《法治政府与行政决策、行政立法》，北京大学出版社 2006 年版，第 230 页。

围比较狭窄,往往限于某个部门、某个方面,缺乏统一性的公开制度。① 即使2007年国务院颁布的《政府信息公开条例》在立法上迈出了关键的一步,《最高人民法院关于审理政府信息公开行政案件若干问题的规定》也进一步规定了政府信息公开的司法救济,但在实践中,以政府为代表的决策机关与利益相关方之间以及不同利益主体之间仍然存在严重的信息不对称。例如行政决策事项和原因,行政决策的利益相关方范围,行政决策的进度,行政决策的可行性论证,行政决策的结果、理由、反对意见等,这些信息在法律规范中模糊不详,在实践中很难实现公开。

谁拥有了更多的决策信息,谁就掌握着更多的决策优势。为改善信息的不对称状态,决策信息公开制度需要进一步完善。决策信息公开制度完善的最终目标就是保障利益相关方查阅和复制信息的权利:行政决策信息的公开应当以公开为原则,不公开为例外,只能采取列举法规定属于不公开的信息范围;行政机关有义务主动、及时、真实地公开决策的全部信息;对于利益相关方申请获取决策信息,行政机关应有严格的答复期限要求,以方便利益相关方的方式提供信息;在决策信息公开产生争议时,利益相关方能够寻求到有效的行政救济和司法救济。

(二)参与的主体——利益相关方的代表制度

利益相关方参与行政决策并不意味着所有的利益主体都参与决策,现实条件也限制所有的利益主体在决策中直接表达自己的利益诉求。决策参与需要解决决策利益相关方的代表问题,使不同的利益群体都能产生出真正能代表其利益的代表人,才能对决

---

① 参见魏建新:《论我国建立政府公开制度的基础》,载《行政与法》2008年第1期。

策的形成产生实质性的影响。决策利益相关方通过代表参与行政决策,“能在公民参与的过度分散与参与不足之间求得适度平衡”,[①]过于宽泛的公众参与决策过程,反而不能达到参与的初衷,控制参与的人数并不与决策的广泛参与相悖。詹姆斯·麦迪逊认为,“由公众的代表来表达的公众声音,同由公众人人来表达自己的意见相比,会更加符合公众的利益”。[②]

行政决策参与的主体是否代表所有利益主体的利益,这直接关系到行政决策的结果。行政决策的参与主体能代表决策利益相关方,这是实现决策真正参与的关键。很多行政决策听证会的实际参与者只有政府和经营者,其他利益相关者代表要不是精心遴选的“摆设”,就是被屏蔽信息的“聋子”,不能算真正的参与者。[③]行政决策中多元利益主体有着不同的利益诉求,如果决策参与主体缺乏代表性,这就使多元利益诉求无法在行政决策中得到表达,就不会使决策达到利益平衡的目标。如果如此,“被忽视、排斥的利益团体对公共决策造成的威胁也可能远远大于那些没有被忽视的非相关利益团体的威胁”。[④] 因此,有必要进行利益相关方参与代表的遴选,遴选的合格决策参与代表应严格审查其是否代表利益相关方、是否来自于与行政决策有直接利益关系的群体。

通过共同利益形成的社会团体组织来参与决策是决策利益相关方代表制度的基本方式。由于很难判定参与决策的代表是否具

---

① 石佑启:《论公共行政与行政法学范式转换》,北京大学出版社 2003 年版,第 168 页。

② [美]托马斯·R. 戴伊:《自上而下的政策制定》,中国人民大学出版社 2002 年版,第 151 页。

③ 参见卢剑锋:《行政决策法治化研究》,光明日报出版社 2011 年版,第 76 页。

④ [美]约翰·克莱顿·托马斯:《公共决策中的公民参与》,孙柏瑛等译,中国人民大学出版社 2010 年版,第 40 页。

有某一利益代表的广泛性，因此首先要将人数众多的利益主体组织化，在组织内部选取合格的利益代表参与决策，参与决策的代表要细化到各利益主体的代表人数及其所占的比例。特别需要强调的是，决策利益相关方的代表制度“不要忽视那些在决策问题上享有利益却没有正式组织起来的市民”，“还包括到目前为止还没有组织起来的、但是在特定某一问题上享有利益的公民总和”。[①] 当然，作为公共集团通常代表那些如果没有它们就无法得到代表的群体，但公共利益集团的成员通常不能从他们所倡导的利益中获得选择性与实质性的利益，不能获得直接利益。[②]

（三）参与的程序——听取意见制度

要实现利益相关方的决策参与，就要从程序上实现政府与利益相关方的平等对话。“通过排除各种偏见、不必要的社会影响和不着边际的连环关系的重荷，来获得一个平等对话、自主判断的解放区，这就是现代程序的理想世界。”[③]在多个利益主体参与行政决策的过程中，听取意见要平等，防止客观上造成了一方压倒性多数的局面。“有时候，那些要求广泛分享决策而发出的巨大声音，可能仅仅代表着少数人孤立的意见，他们试图通过大嗓门来获取由于人数不足而缺失的东西。同样，在喧闹中，由于声音太低而未被听到的要求，有时恰恰可能代表着大多数人的利益。”[④]而代表

① ［美］约翰·克莱顿·托马斯：《公共决策中的公民参与》，孙柏瑛等译，中国人民大学出版社 2010 年版，第 38 页、第 40 页。

② ［美］詹姆斯·E. 安德森：《公共政策制定》，谢明等译，中国人民大学出版社 2009 年版，第 68 页。

③ 季卫东：《法律程序的意义——对中国法制建设的另一种思考》，载《中国社会科学》1993 年第 1 期。

④ ［美］约翰·克莱顿·托马斯：《公共决策中的公民参与》，孙柏瑛等译，中国人民大学出版社 2010 年版，第 43 页。

大多数人的利益相关方，可能在参与中因为表现不足而不被重视，意见未能被采纳。当然，“听证会上每个意见并非都要采纳，但不采纳也要回应，要给出理由”。①

在行政决策听取意见制度中，利益相关方不仅是被听取意见，也可以实现主动去要求政府听取意见。目前实践中对于行政决策参与的启动程序，主要采取政府来启动的方式，由政府来组织听取意见的程序模式。行政决策听取意见制度也可以监视利益相关方主动参与行政决策程序模式，由利益相关方主动向政府提出决策目标或决策草案，主动向政府表达意见和利益诉求，这不仅能扩大利益相关方参与决策的形式，更能提升利益相关方参与决策的热情。

行政决策过程中，保证利益相关方真正参与，其意见真正为行政机关接纳，应当建立听取意见的案卷排他制度。尽管法律要求行政决策要尊重多数听证代表意见，但是并没有明确规定听证笔录的地位——听证笔录案卷在最后决策中的“排他”效力。例如，在国家发展和改革委员会 2008 年公布的《政府制定价格听证办法》第 25、26、27 条规定，在价格行政决策中，只是充分考虑听证会的意见，听证笔录只是政府作出价格决策的依据之一，在作出决策后，只是公布对听证会参加人主要意见采纳情况及理由。这就为决策参与的听证会“走过场”埋下了隐患，利益相关方的意见就很难对行政决策产生实质性的约束作用。对于听证笔录的效力，可参考美国《联邦行政程序法》的规定，正式听证程序要求行政机关

---

① 郭蕾：《法治视野下政府权力制约机制研究——以决策权、执行权、监督权互相制约为视角》，郑州大学出版社 2012 年版，第 147 页。

只能以听证记录作为行政决定的依据。[1] 因此,听取意见的案卷是行政决策的唯一依据,若以案卷之外的事实作为决策依据,该行政决策应被视为无效。

① [美]欧内斯特·盖尔霍恩、[美]罗纳德·M. 利文:《行政法和行政程序概要》,黄列译,中国社会科学出版社 1996 年版,第 169 页。

第八章　行政决策参与的个案分析

——以政府强制更换商铺招牌为例

2011年1月10日中央电视台《焦点访谈》曝光山西省太原市杏花岭区人民政府强制统一街道商铺牌匾的行为。该区政府发出通知，对几条主要街道户外牌匾进行彻底整治，强制更换商铺招牌并要求一定规格、一定标准和完成时间，全部商户要自行承担大约1200万元的更换商铺招牌费用。类似杏花岭区的做法在全国范围内越来越普遍，许多城市加入了统一街道招牌的行动中，政府通常以提升城市形象为由来推行商铺招牌更换。且无论政府初衷如何，但这样的强制统一更换商铺招牌做法已遭到了公众的普遍质疑。

一、行政决策视角的政府强制更换商铺招牌行为

行政决策是政府管理中的一个重要概念，是政府为了实现其职能目标，完成对社会事务的管理而做出的重大决定，是“国家机关为了贯彻执行权力机关的意志，在行政职权范围内，依照法定程序就国民经济和社会发展计划、预算、国家和社会管理事务、立法事务、重大方针、政策的制定、重要建设项目等所作的调研、论证、咨询、评估、选择以及决定的活动和过程。”[①]首先，行政决策具有公益性。行政决策作为一种公共决策，为了维护社会秩序，满足公共需求，实现公共利益目标和决策预期，对某一类公共事务进行统一安排和调整，离开了公共领域就没有行政决策权力作用的空间。[②] 其次，行政决策具有法定性。尽管在行政决策领域需要在一定程度上为行政决策主体留有一定的自由裁量空间，但决策的主体资格，决策权限、决策程序、决策内容等，应当依法规范，实现法治化。

政府强制统一更换商铺招牌的行为属于典型的行政决策。政府强制更换招牌行为是区政府对辖区城市建设、市容事务的管理，是对社会事务做出的具体处理，并非针对某个特定主体，影响的是公共利益，是行政权力对社会事务的统一管理。从行政决策的特征来分析：第一，区人民政府是法定的行政主体，市容管理是法定社会公共事务之一，区政府的管理目标是整治市容、提升城市形象，具有公益性。第二，区人民政府作为地方一级政府机关，具有法律规定的决策主体资格，其市容管理职权由《立法法》和《城市

① 袁曙宏：《全面推进依法行政实施纲要读本》，法律出版社 2004 年版，第 127 页。

② 戴建华：《行政决策的价值理念——以正义为中心》，国家行政学院出版社 2012 年版，第 41 页。

市容和环境卫生管理条例》赋予,在城市市容管理方面具有决策权,有权在授权范围内通过国家强制力完成管理目标,但应当符合法定性,不能越权行使。

法治政府背景下的政府强制更换招牌行为。从2004年国务院《全面推进依法行政实施纲要》到2008年《国务院关于加强市县政府建设的意见》再到2010年《国务院关于加强法治政府建设的意见》,行政法治在不断进步,其中依法决策与科学决策、民主决策已经成为行政决策的三大基本价值目标。法治政府背景下的行政决策,要求对决策程序和决策内容进行法律规制,这是行政决策法治化的重中之重。政府强制更换招牌行为的决策程序和决策内容必须具备合法性,这是建设法治政府对行政决策的具体体现。

二、政府强制更换商铺招牌的决策权限分析

行政决策权应当以法律的形式统一设定,行政决策主体必须在法律授予的权限内行使决策权。[①] 我国地方行政决策主体的法律依据主要是《宪法》和《地方各级人民代表大会和地方各级人民政府组织法》(以下简称《地方政府组织法》),其中明确规定地方各级政府是地方人大的执行机关,具有行政决策权。区政府涵盖在地方各级人民政府之中,按照逻辑分析,区政府是一级国家行政机关,有权管理当地社会公共事务,也能对地方公共事务进行行政决策。

区政府发布整治牌匾的通知属于依职权的行政行为,行政法强调对公权力的制约——“法无授权即禁止”,因此区政府若要作出行政行为必须取得相应的法律授权。根据我国《宪法》第107条

① 卢剑锋:《行政决策法治化研究》,光明日报出版社2011年版,第139页。

第1款规定,“县级以上地方各级人民政府依照法律规定的权限,管理本行政区域内的经济、教育、科学、文化、卫生、体育事业、城乡建设事业和财政、民政、公安、民族事务、司法行政、计划生育等行政工作,发布决定和命令,任免、培训、考核和奖惩行政工作人员”。从规范角度分析,区政府有权发布决定,但是要遵守一个前提,即“法律规定的权限”,这无疑限制了政府权力,只能在权限范围内管理地方区域事务。《地方政府组织法》第59条规定,“县级以上的地方各级人民政府行使下列职权……(五)执行国民经济和社会发展计划、预算,管理本行政区域内的经济、教育、科学、文化、卫生、体育事业、环境和资源保护、城乡建设事业和财政、民政、公安、民族事务、司法行政、监察、计划生育等行政工作……”《地方政府组织法》是全国人民代表大会制定的法律,属于基本法律范畴,地位仅次于宪法,属于《宪法》第107条规定的法律。从规定的具体内容来看,区政府整治街道商铺牌匾可以认为属于卫生行政工作或者城乡建设事业,区政府对商铺招牌的管理符合宪法和法律规定的主体资格。

区政府强制统一更换商铺招牌主要涉及城市市容的管理。国务院《城市市容和环境卫生管理条例》是有关城市市容的行政法规,依据其规定,省级行政单位和较大的市有权自行制定实施细则。杏花岭区政府对于城市市容、卫生管理等方面的权限依据是太原市人民政府于1999年制定的《太原市市容和环境卫生管理办法》(以下简称《办法》),该《办法》于2000年经山西省人大常委会批准,属于较大的市地方政府规章。从形式上看,区人民政府的整治市容行为有太原市地方政府规章的授权,形式合法。但是这只是合法性的一个方面,另一方面要满足法律优先和法律保留。“法律优先原则和法律保留原则不同。前者是消极地禁止行政机关违反现行法律；后者是积极地要求行政活动必须有法律依据。在此意义上，法律保留原则的要求比法律优先原则更加严格。”[①]《立法法》规定任何规范性法律文件都不得与宪法相冲突，并且规定了各种规范性法律文件的层级，要求下位法不得违反上位法。《办法》明确规定了县区一级行政管理部门有权责令停止违法行为，要求违反管理办法的组织和个人限期清理、拆除或者采取其他补救措施等，该《办法》属于地方政府规章，作为对行政规章的细化操作规则，赋予区政府在辖区内具体执行相关事务的权力。综合来看，无论从位阶最高的宪法，还是地方政府规章，区政府整治牌匾的行为有据可循，符合宪法、法律、行政法规、规章的规定，并且没有越权，符合法律保留和法律优先的原则。

因此，笔者认为区政府强制统一更换商铺招牌的决策权限合法。

三、政府强制更换商铺招牌程序的合法性分析

在《国务院关于加强法治政府建设的意见》（以下简称《意见》）中明确提出，“加强行政决策程序建设，健全重大行政决策规则，推进行政决策的科学化、民主化、法治化”。行政决策程序是法治政府建设的基本内容之一，“没有决策程序，决策权力就难以合法运行”。[②]

（一）行政决策的程序要求

根据《意见》的要求，“作出重大决策前，要广泛听取、充分吸收各方面意见，意见采纳情况及其理由要以适当形式反馈或者公

---

① 罗豪才、湛中乐：《行政法学》，北京大学出版社2012年版，第30页。
② 孙秀君：《决策法学》，人民法院出版社2000年版，第316页。

布”。由此可见,信息公开、公众参与和专家参与构成了行政决策的必经程序。

1. 行政决策程序之一:决策信息公开

行政决策信息公开是行政机关根据不同情形主动或者因申请而公开行政决策的有关信息。“信息公开与公众参与是行政决策程序的两项基本原则。”[①]公开是现代民主社会和阳光政府的基本要求。2008 年实施的《政府信息公开条例》(以下简称《条例》)更是把信息公开提升了一个新高度,使得公开有了严格的操作程序。决策的首要前提是信息的获得,决策的过程就是依据所知的信息所做出的决定,只有获得了充分信息,尤其是知晓行政机关引用的相关法律法规、涉及自身利益的相关资料、重要分析数据和统计报表、专家建议等,才能更好地保护公共利益,才有可能做到理性决策,不被误导、欺骗。行政决策信息公开应该包括事前、事中和事后整个过程。[②] 行政决策中的政府信息公开在现实中却存在诸多问题。由于政府代表着国家公权力,在资源获取、信息更新等方面有着不可比拟的优势,决策利益影响的社会公众通常处于信息中的弱势一方,除政府公开信息外,社会公众难以通过其他渠道知晓相关决策信息,造成决策信息不对称,难以参与到行政决策活动中去。

2. 行政决策程序之二:公民参与

“参与是行政决策的本质属性。”[③]公民参与是行政决策程序的另一项重要内容。这一原则保障了受决策利益影响的公民的行

---

① 姜明安:《行政法与行政诉讼法》,北京大学出版社 2011 年版,第 83 页。

② 杨寅:《行政决策程序、监督与责任制度》,中国法制出版社 2011 年版,第 116 页。

③ 魏建新:《民主抑或利益:行政决策中的参与》,载《理论月刊》2014 年第 7 期。

政法主体地位，能够真正成为参与行政决策的主体之一，摆脱了被行政机关忽略、支配的地位。如果组织良好，行政决策的理性可以因公民参与而增强。民主性是公民参与最大的价值体现。“不断增强的公民参与通过发展公民与政府间新的沟通渠道并保证对政府的监督，来增进政府以及公共管理者的责任。”①

公民参与行政决策主要有现场询问、听证会、公开征求意见等方式。现实中，政府在行政决策的过程中往往要邀请有关专家、学者参与讨论、咨询以增加决策的科学性、合理性，并以此为理由排除公民的参与。但是专家、学者的意见并不能代替公众的意见。行政决策涉及众多主体的利益，决策的过程是多元利益相互平衡、博弈的过程，公民自身作为独立主体，其利益诉求不能被替代。“公众参与的核心在于其有效性，通常表现为参与者的心理上的成就感和参与者对政策的实际影响。”②公民参与是行政决策的必要程序，且无论结果如何，保障参与程序本身就是决策正义的客观要求。

3. 行政决策程序之三：专家参与

“行政决策是公共决策的重要表现形式，其特征在于日常性以及对公众利益影响的广泛性。从内容上看，行政决策具有技术和专业性特征，因而其科学化需求更加强烈。”③之前简单的拍脑袋式决策已经无法满足现代社会行政决策的需要，专家作为某个特定领域的权威，通常拥有最新的知识、更坚实的理论基础以及更高

---

① ［美］约翰·克莱顿·托马斯：《公共决策中的公民参与》，孙柏瑛等译，中国人民大学出版社 2010 年版，第 181 页。

② 王锡锌：《公众参与和行政过程——一个理念和制度分析的框架》，中国民主法制出版社 2007 年版，第 69 页。

③ 王锡锌：《行政决策正当性要素的个案解读——以北京市机动车“尾号限行”政策为个案的分析》，载《行政法学研究》2009 年第 1 期。

的视野，专家作为独立主体参与行政决策过程有助于减少经验主义所产生的决策失误，提升行政决策的理性。行政决策中专家参与的理性体现在两个方面：一是行政决策的事实性依据，包括有关方面的调查报告统计数据等，而且这些数据、报告可以被公开，作为政府信息披露，不仅可以作为检验事实准确的材料，而且有助于决策者做出合理的决策；二是协助决策作出的专业知识，如管理学、经济学、社会学等学科的分析方法，把这些方法及其分析结果作为决策依据。现代社会事务纷繁复杂，需要借助于专业知识进行决策的事项越来越多，因此专家参与决策是政府履行公共职能，实现科学决策的保障。

决策信息公开、公民参与、专家参与是行政决策程序合法的三个基本要求。决策信息公开和公民参与相互依存：一方面，决策信息公开是公民参与的前提；另一方面，公民参与到决策中，增加了决策信息，提高了决策理性。公众参与和专家参与互为补充：一方面，公民参与是决策民主性的体现；另一方面，专家参与是决策科学性的体现，共同实现了民主决策和科学决策。当然决策信息公开、公民参与、专家参与能作为行政决策的必经程序依赖于行政决策的法治化要求。

(二)政府强制更换商铺招牌的程序不合法

首先，区政府强制更换商铺招牌不符合信息公开要求。根据《条例》规定，涉及公民、法人或者其他组织切身利益的以及需要社会公众广泛知晓或者参与的事项，属于政府应当主动公开的信息。该《条例》也对公开的具体程序作了明确规定“属于主动公开范围的政府信息，应当自该政府信息形成或者变更之日起20个工作日内予以公开”。强制统一更换街道牌匾的影响范围包括公民、法人或者其他组织，涉及自主经营权、财产权等基本权利，属于其切身利益，符合《条例》规定的政府主动公开事项，应当在该信息形成之日起20个工作日内主动公开。2010年10月，太原市政府下发了《关于集中整治户外广告的通知》，要求在2011年1月15日之前，完成店铺牌匾橱窗广告的集中清理整治和规范。为此，从2010年11月17日开始，杏花岭区专门开展了《城乡清洁工程百日专项整治行动》，而对于户外广告的综合整治，区政府提出了自己的实施措施。从以上时间可以看出，2010年10月杏花岭区政府就已经接到了上级通知，2010年11月17日就已经形成了该信息，应当主动公开。可是2010年11月23日才发出要求拆除旧牌匾的通知，并且要求商铺两日内完成拆除。可以看到，在信息已经形成的情况下，第一，政府并没有在规定的时间内主动公开相关信息；第二，要求商铺在被通知后两日内完成拆除工作时间过于仓促，没有留出必要的准备时间，甚至有商铺经营者反映当时自己并不在店内，再次回到店里时，自己原先的牌匾早就不见了踪影。政府没有在规定的时间内按照《条例》规定主动公开信息，是一种违法不作为。

其次，区政府强制更换商铺招牌没有经过公民参与。杏花岭区政府开展了《城乡清洁工程百日专项整治行动》，对于户外广告的综合整治明确提出了实施细则：要用高标准规范门头牌匾和橱窗广告。从杏花岭区人民政府发布公告到强制拆除街道招牌，以公众角度来看，没有看到政府采取任何形式的实地检验、测量、现场统计等措施，无论新牌旧牌一律要求更换。在决策过程中，相关行政机关并没有提供公民参与的途径，既没有采取专门的听证会来听取商铺经营者的意见，也没有采取其他的非正式参与途径，比如询问、座谈、调查等。因此，区人民政府在强制更换商铺招牌的整个行政决策过程不符合公民参与的程序性要求。

最后，区政府强制更换商铺招牌不符合专家参与的程序要求。政府强制更换招牌属于行政决策，那么一整套信息收集、各部门论证、专家意见、数据统计等决策程序自然不可或缺。《意见》的精神是要坚持规范决策程序，那么无论决策是否重大，都应当包含《意见》所要求的程序理念。《意见》中所列举的方法、措施是形式上的程序，核心目的是借助合理可行的决策分析方法，提升决策的合理性。政府强制更换招牌属于重大决策，那么同样应当遵循《意见》的指导思想，形式可以不拘泥于《意见》中所提到的专家参与方式，但是适当的程序规则是不可或缺的。从专家参与角度来看，区政府在强制更换招牌决策过程中没有发布过任何有关于更换招牌的专家论证、咨询、方案对比、可行性论证等措施。这样的做法明显不符合行政决策的程序要求。

四、政府强制更换商铺招牌的实质合法性分析

2013年2月23日，习近平同志在中共中央政治局第四次集体学习时要求，各级领导机关和领导干部要提高运用法治思维和法治方式的能力。法治思维要求工作思维方式要符合法治理念、法治原则和法治逻辑。行政决策作为政府管理中的重大行为，各级领导机关和领导干部在行政决策中应运用法治思维和法治方式，这是对行政决策的实质合法性要求。

社会生活是极为复杂并且不断变化的，法律因其特性难以满足社会生活的方方面面。从法理上看，法律具有滞后性，并且受实施者思维能力的影响，法律没有办法将所有行政行为全部涵盖在内。由于行政决策自由裁量权的存在，衡量行政决策合法性除依据行政程序规则外，应该把法律原则也作为衡量行政决策合法性的依据。近年来，西方国家行政法的焦点之一就是从“规则之制”

转向了"原则之治"。[①] 由于法律的抽象性,法律原则具有填补法律规范的作用,"法律原则是对一定时代与社会中的普遍价值观念的法律表达"。[②] 在行政决策的实质合法性中应当强调的是行政决策行为应当符合比例原则。

"比例原则是拘束行政权力违法的最有效的原则,其在行政法中所扮演的角色,可比拟'诚信原则'在民法居于'帝王条款'之地位……"[③]比例原则要求行政机关实施行政行为时应当要保护公民利益,尽量减小不利影响,把达到行政目标和对公民不利影响控制在适度的比例。比例原则首先要求实施行政行为具有必要性——行政行为如要实施,特别是对公民利益有不利影响的行为实施时,必须是为了实现适当的行政目的所不可缺少的;其次行政行为具有适当性——行政机关要实施的行政行为,必须先衡量相关利益,行政行为得以实施的前提是该项行为对于实现行政目的是适当的,最终效果是利大于弊;最后是行政行为造成的损害是最小的——实施行为时,应当制定多种方案,在其中衡量并选出对公民利益影响最小的方案。

以比例原则三项内涵来分析政府强制更换招牌行为。第一,采取行为之前先要明确所要达到的行政目的。区政府强制更换招牌是为了执行《太原市人民政府关于集中整治户外广告的通告》,太原市之所以发出这个通告是为了迎接即将到来的中部博览会,可以理解为最终目的是让城市看起来更美观,不因为牌匾的陈旧破损影响城市整体形象。以这样的目的来看,是没有必要整条街

---

① 周佑勇:《行政裁量治理研究:一种功能主义的立场》,法律出版社 2008 年版,第 42 页。

② 付子堂:《法理学初阶》,法律出版社 2009 年版,第 138 页。

③ 陈新民:《行政法学总论》,台北,三民书局 1995 年版,第 62 页。

全部更换牌匾的,样式各异、不统一并不等于不美观,不会因此影响城市形象,倘若只有统一才为美观,那么中国大部分城市恐怕都只能沦为不美观一类。政府只需对严重破损的牌匾进行个别重置就可以达到效果,完全没有必要全部统一更换,明显政府强制统一更换招牌的行为超过了必要的限度。第二,从适当性来看,要进行一个利益衡量,那么政府从强制更换招牌行为中得到了什么呢?最直观的是政府所追求的城市美观,达到甚至超出了政府预期。再看作为公民的临街商铺利益有何变化,牌匾统一更新,乍一看是好事,但问题是这样的更换未必符合每个人的利益预期,有些商铺因为更换牌匾而损失的利益,是额外费用的支出。据报道商铺为这一项置换工程大约花费 1200 万元,花费如此巨大的金钱,可是并没有得到预期的利益,以众多商铺的巨大付出换取值得商榷的城市形象目标,适当性值得质疑。第三,是否从最小损害角度来进行市容环境整治,区政府提升城市形象完全没有必要整条街不加区分地“一刀切”,只需要对有更换必要的商铺招牌进行更换就可以达到目标。区人民政府为了达到管理目的,对商铺的合法权益造成了极大损失,并且这种损失是完全可以通过选择其他方案避免的,由此可以看出区政府强制更换招牌的行为不符合比例原则。此外,根据行政法的基本原则,行政决策的实质合法性也包含合理性原则、信赖保护原则等,对行政决策事项作出裁量时,必须要求决策者的裁量与这些原则所追求的价值相一致,区政府强制更换招牌即使具有法定权限,但对重大决策事项的裁量权也应符合行政决策的实质合法性要求。

结　论

我国当下行政决策参与机制有：(1)听取意见——听证会的方兴未艾。从形式上为利益相关方的利益表达和参与提供了合法途径，但利益表达的失真和参与结果的失望，使听证变得有名无实；形式上表现为民主性和协商性，而实际上夹杂着部门利益和特殊利益。(2)征求意见——网络民意的兴起。网络应该成为成本低廉的参与渠道，但网络带来信息的漏损和失真，甚至有目的的取舍和歪曲，使得征求意见的有效性在决策参与中大打折扣。(3)专业意见——专家论证制度的得失。行政干预在专家意见中的有形和无形存在，使得唯权、唯上现象普遍，专家论证就会变得有其名而无其实，真正的专家论证是为各方利益主体参与行政决策提供专业意见的支持。(4)法律意见——合法性审查制度的落实。对于法律意见参与行政决策，既是形式意义上依法决策的程序规制，更是实质内容上决策各方利益主体的保障。

公众参与、专家论证、风险评估、合法性审查、集体讨论决定不仅是行政决策的实施步骤,更是行政决策的法定程序。然而行政决策参与的各种“走过场”,决策参与的日益虚化,参与成为行政决策过程中的逢场作戏。行政决策参与面临着“实效性瓶颈”,提高参与在行政决策中的有效性,需要发挥法治在行政决策参与中的功能。专家论证的目标是实现决策理性,其功能是权力制约,其定位是表达中立利益。为了防止行政决策中的专家论证异化,应充分借鉴国外市场化的专家参与。在专家论证程序中,应当建立和完善专家选择机制、专家回避机制和同行制约机制等。我国重大决策社会风险评估机制的探索是实践先于理论,社会稳定风险评估对于行政决策而言是一种预防行政。重大决策作为行政决策行为直接或间接对公民权利义务产生实质影响,甚至造成社会稳定风险的产生,进而引发群体性事件或其他极端性事件,造成严重的社会影响。因此重大决策之前进行社会稳定风险评估,进行风险规制是决策必要性的体现。从第三方评估主体到评估依据,从评估标准的合法性探讨到评估的实质性审查,风险评估程序需要从法律的刚性规则中找到依据。合法性是行政决策的内在要求,合法性审查是行政决策的程序要求。合法性审查能提高行政决策的公众认同感,实现政府自身统治的正当化。集体讨论决定体现为政府的内部控权,从源头上给政府决策的随意出台设置障碍,通过集体讨论来减少首长恣意决策的蔓延。集体讨论决定的程序与机制设计将以领导者决策权为核心,完善行政首长负责制,实现政府议事规则的革新和重构。

行政决策是对各方利益冲突的平衡,最终形成体现公共利益、尊重少数人利益的政策过程。行政决策是社会价值在各利益集团之间平衡的结果。(1)作为决策者,政府不可避免地要成为不同利益主体的不同利益的共同诉求对象,政府在行政决策中往往表现出利己偏好。(2)利益集团在决策中的影响。利益集团的平等竞争有助于多元利益在决策过程中的平衡,特殊利益集团的强势干预也会加剧决策过程中的利益失衡,甚至决策演化为实现特殊利益的工具,背离其公共价值取向。从计划经济时代无所不包的"万能政府"转变为市场经济条件下的"有限政府",社会转型带来的政府职能转变使得行政决策更容易成为特殊利益的工具,行政决策的法律机制应尽量遏制强势特殊利益集团的特殊利益,减少特殊利益集团的不良影响。作为经济人,政府官员极容易被各种特殊利益集团关注并"俘获",行政决策需要克服或减少决策者成为特殊利益的"俘虏"。(3)行政决策中的利益相关方。行政决策是一个利益整合和利益取舍,在社会转型期,防止行政决策成为特殊利益集团的暴利工具,保障弱势群体利益在行政决策中实现,必须通过行政决策程序制度,实现利益相关方的决策参与。在行政决策利益博弈中形成平等的参与格局,合理兼顾各方利益,保证大多数人特别是弱势群体的长远利益不受损害,实现决策的利益均衡。行政决策的法律制度并不缺乏,而是决策机制和程序的实质意义丧失。由于利益差别,行政决策过程中利益博弈不可避免。决策过程中的利益平衡需要完善的法治机制,决策各方利益主体的利益竞争需要完善的法治机制。只有在法治框架下才能为不同利益主体之间的相互沟通和交流、竞争与合作提供制度平台,使行政决策中的利益冲突通过一种平和理性的方式得到处理,避免暴力冲突。

行政决策参与实质上是实现公民与政府之间的良性互动。(1)利用法治理论完善行政决策参与的法律机制,提高各方利益主体参与行政决策的制度化程度,以法律保障参与的方式和程序。

建立必要的程序规则，用强制性的规则形式对决策参与的内容、范围、方式予以确立，调整、规范决策参与，使各方利益主体的决策参与成为行政决策过程的强制性程序。（2）提高各方利益主体参与决策的有效性，进一步扩大决策中利益相关方参与的范围，加深参与的深度。各方利益主体参与行政决策不仅要求有充分的机会表达自己的意见，更重要的在于能对行政决策者的决定产生实质性的影响。在行政决策参与中，各方利益主体的参与范围不应满足于参与过程，而应该重视各方利益主体在议题形成阶段的动议权或话语权；各方利益主体不应仅限于文件与决策信息的披露，更应加强在确定决策目标、拟订决策方案、比较优选决策和决策实施反馈阶段的实质性参与。

参考文献

一、著作

1. 志宏:《公共政策概论》,三民书局 1983 年版

2. 伍启元:《公共政策》,商务印书馆 1985 年版

3. 邹钧:《日本行政管理概论》,吉林人民出版社 1986 年版

4. 王名扬:《英国行政法》,中国政法大学出版社 1987 年版

5. 杨海坤:《中国行政法基本理论》,南京大学出版社 1992 年版

6. 莫泰基:《公民参与:社会政策的基石》,中华书局(香港)有限公司 1995 年版

7. 陈新民:《行政法学总论》,三民书局 1995 年版

8. 王名扬:《美国行政法》,中国法制出版社 1995 年版

9. 许文惠、张成福、孙柏瑛:《行政决策学》,

中国人民大学出版社 1997 年版

10. 程燎原、王人博:《赢得神圣——权利及其救济通论》,山东人民出版社 1998 年版

11. 杨海坤:《跨入 21 世纪的中国行政法学》,中国人事出版社 2000 年版

12. 孙秀君:《决策法学》,人民法院出版社 2000 年版

13. 章剑生:《行政行为说明理由判解》,武汉大学出版社 2000 年版

14. 赵成根:《民主与公共决策研究》,黑龙江人民出版社 2000 年版

15. 陈新民:《德国公法学基础理论》(上),山东人民出版社 2001 年版

16. 杨寅:《中国行政程序法治化——法理学与法文化的分析》,中国政法大学出版社 2001 年版

17. 贺善侃、黄德良:《现代行政决策》,上海大学出版社 2001 年版

18. 刘善春:《行政诉讼原理及名案解析》,中国法制出版社 2001 年版

19. 孙笑侠:《法律对行政的控制》,山东人民出版社 2002 年版

20. 张树义:《中国社会结构变迁的法学透视——行政法学背景分析》,中国政法大学出版社 2002 年版

21. 王学辉、宋玉波等:《行政权研究》,中国检察出版社 2002 年版

22. 刘文富:《网络政治:网络社会与国家治理》,商务印书馆 2002 年版

23. 张明杰:《开放的政府——政府信息公开法律制度研究》,

中国政法大学出版社 2003 年版

24. 王佃利、曹现强:《公共决策导论》,中国人民大学出版社 2003 年版

25. 陈振明:《公共政策分析》,中国人民大学出版社 2003 年版

26. 石佑启:《论公共行政与行政法学范式转换》,北京大学出版社 2003 年版

27. 袁曙宏:《全面推进依法行政实施纲要读本》,法律出版社 2004 年版

28. 李图强:《现代公共行政中的公民参与》,经济管理出版社 2004 年版

29. 莫岳云:《行政决策学》,中国社会科学出版社 2004 年版

30. 彭宗超、薛谰、阚珂:《参与制度——通明决策与公共治理》,清华大学出版社 2004 年版

31. 李传军:《管理主义政府模式的终结——从管理行政到服务行政》,中国人民大学出版社 2004 年版

32. 蔡定剑:《国外公众参与立法》,法律出版社 2005 年版

33. 陈庆云:《公共政策分析》,北京大学出版社 2005 年版

34. 孙笑侠:《程序的法理》,商务印书馆 2005 年版

35. 周佑勇:《行政法基本原则研究》,武汉大学出版社 2005 年版

36. 陶文昭:《电子政府研究》,商务印书馆 2005 年版

37. 刘莘:《法治政府与行政决策、行政立法》,北京大学出版社 2006 年版

38. 何精华:《网络空间的政府治理——电子治理前沿问题研究》,上海社会科学院出版社 2006 年版

39. 王锡锌:《公众参与和行政过程——一个理念和制度分析

的框架》,中国民主法制出版社 2007 年版

40. 张国庆:《公共行政学》,北京大学出版社 2007 年版

41. 周佑勇:《行政裁量治理研究——一种功能主义的立场》,法律出版社 2008 年版

42. 王锡锌:《行政过程中公众参与的制度实践》,中国法制出版社 2008 年版

43. 江利红:《日本行政法学基础理论》,知识产权出版社 2008 年版

44. 刘峰、舒绍福:《中外行政决策体制比较》,国家行政学院出版社 2008 年版

45. 蔡定剑:《公众参与:风险社会的制度建设》,法律出版社 2009 年版

46. 付子堂:《法理学初阶》,法律出版社 2009 年版

47. 王巍、牛美丽编译:《公民参与》,中国人民大学出版社 2009 年版

48. 王伟光:《利益论》,中国社会科学出版社 2010 年版

49. 张淑华:《网络民意与公共决策:权力与权利的对话》,复旦大学出版社 2010 年版

50. 姜明安:《行政法与行政诉讼法》,北京大学出版社 2011 年版

51. 王周户:《公众参与的理论与实践》,法律出版社 2011 年版

52. 杨寅:《行政决策程序、监督与责任制度》,中国法制出版社 2011 年版

53. 栗燕杰:《行政决策法治化探究》,中国法制出版社 2011 年版

54. 卢剑锋:《行政决策法治化研究》,光明日报出版社 2011

年版

55. 罗依平:《地方政府决策研究》,湘潭大学出版社 2011 年版

56. 曾赟:《法律程序主义对预防行政的控制》,浙江大学出版社 2011 年版

57. 郭蕾:《法治视野下政府权力制约机制研究——以决策权、执行权、监督权互相制约为视角》,郑州大学出版社 2012 年版

58. 金自宁编译:《风险规制与行政法》,法律出版社 2012 年版

59. 罗豪才、湛中乐:《行政法学》,北京大学出版社 2012 年版

60. 戴建华:《行政决策的价值理念——以正义为中心》,国家行政学院出版社 2012 年版

61. 孙柏瑛、杜英歌:《地方治理中的有序公民参与》,中国人民大学出版社 2013 年版

62. 周实、马野:《完善我国行政决策风险评估机制》,九州出版社 2013 年版

63. 周实、齐宁:《行政决策的法制化研究》,东北大学出版社 2014 年版

64. [法]狄骥:《宪法论》,钱克新译,商务印书馆 1962 年版

65. [美]汉密尔顿等:《联邦党人文集》,程逢如等译,商务印书馆 1980 年版

66. [美]丹尼尔·贝尔:《后工业社会的来临:对社会预测的一项探索》,高括等译,商务印书馆 1984 年版

67. [美]伯纳德·施瓦茨:《行政法》,徐炳译,群众出版社 1986 年版

68. [美]E. 博登海默:《法理学——法哲学及其方法》,邓正来译,华夏出版社 1987 年版

69. [美]查尔斯·林德布罗姆:《决策过程》,竺乾威、胡君芳

译,上海译文出版社 1988 年版

70. [美]赫伯特·西蒙:《现代决策理论的基石》,杨砾、徐立译,北京经济学院出版社 1991 年版

71. [英]戴维·米勒、[英]韦农·波格丹诺、邓正来:《布莱克维尔政治学百科全书》,中国政法大学出版社 1992 年版

72. [美]戴维·伊斯顿:《政治体系——政治学状况研究》,马清槐译,商务印书馆 1993 年版

73. [奥]凯尔森:《法与国家的一般理论》,沈宗灵译,中国大百科全书出版社 1996 年版

74. [美]欧内斯特·盖尔霍恩、[美]罗纳德·M. 利文:《行政法和行政程序概要》,黄列译,中国社会科学出版社 1996 年版

75. [罗]米哈依·T. 奥洛威娅奴:《国家行政管理学概论》,王铁山译,中国人民大学出版社 1998 年版

76. [美]罗伯特·达尔:《论民主》,李柏光、林猛译,商务印书馆 1999 年版

77. [德]柯武刚、[德]史漫飞:《制度经济学——社会秩序与公共政策》,韩朝华译,商务印书馆 2000 年版

78. [德]M. 哈特穆特·毛雷:《行政法学总论》,高家伟译,法律出版社 2000 年版

79. [美]R. M. 昂格尔:《现代社会中的法律》,吴玉章、周汉华译,译林出版社 2001 年版

80. [美]M. 罗伯特·D. 帕特南著:《使民主运转起来》,王列、赖海榕译,江西人民出版社 2001 年版

81. [美]理查德·B. 斯图加特:《美国行政法的重构》,沈岿译,商务印书馆 2002 年版

82. [美]詹姆斯·W. 费斯勒、[美]唐纳德·F. 凯特尔:《公共

行政学新论:行政过程的政治》,陈振明、朱芳芳等译,中国人民大学出版社 2002 年版

83. [美]戴维 · H. 罗森布鲁姆、[美]罗伯特 · S. 克拉夫丘克、[美]德博拉 · 戈德曼 · 罗森布鲁姆:《公共行政学:管理、政治和法律的途径》(第五版),张成福等译,中国人民大学出版社 2002 年版

84. [美]托马斯 · R. 戴伊:《自上而下的政策制定》,鞠方安、吴忧译,中国人民大学出版社 2002 年版

85. [德]哈贝马斯:《在事实与规范之间——关于法律和民主法治国的商谈理论》,童世骏译,生活 · 读书 · 新知三联书店 2003 年版

86. [德]考夫曼:《法律哲学》,刘幸义等译,法律出版社 2004 年版

87. [美]卡尔 · 科恩:《论民主》,聂崇信、朱秀贤译,商务印书馆 2005 年版

88. [美]本杰明 · 巴伯:《强势民主》,彭斌、吴渊洲译,吉林人民出版社 2006 年版

89. [美]R. 爱德华 · 弗里曼:《战略管理:利益相关者管理的分析方法》,王彦华、梁豪译,上海译文出版社 2006 年版

90. [英]戴维 · 赫尔德:《民主的模式》,燕继荣等译,中央编译出版社 2008 年版

91. [美]M. 斯蒂芬 · 布雷耶:《打破恶性循环——政府如何有效规制风险》,宋华琳译,法律出版社 2009 年版

92. [美]詹姆斯 · E. 安德森:《公共政策制定》,谢明等译,中国人民大学出版社 2009 年版

93. [瑞士]萨拜因 · 马森、[德]彼德 · 魏加因:《专业知识的

民主化：探求科学咨询的新模式》，姜江、马晓琨、秦兰珺译，上海交通大学出版社 2010 年版

94. [美]约翰·克莱顿·托马斯：《公共决策中的公民参与》，孙柏瑛等译，中国人民大学出版社 2010 年版

二、论文

1. 季卫东：《法律程序的意义——对中国法制建设的另一种思考》，载《中国社会科学》1993 年第 1 期

2. 叶传星：《利益多元化与法治秩序》，载《法律科学》1997 年第 4 期

3. 阎宇红：《日本行政决策咨询体系的多层次、多元化及其对我国的借鉴作用》，载《国际关系学院学报》1998 年第 1 期

4. 黄钟：《决策公开化的一个良好开端——访著名经济学家吴敬琏》，载《中国经济时报》2000 年 10 月 11 日

5. 贾俊贤：《德国咨询服务业发展的经验及启示》，载《东北财经大学学报》2001 年第 3 期

6. 宋世明、王思武：《当代西方公共行政决策体制及其借鉴价值》，载《国家行政学院学报》2001 年第 5 期

7. 童星：《网络社会及其对经典社会理论的挑战》，载《南京大学学报》2001 年第 5 期

8. 刘武俊：《参与的法理意义》，载《南方周末》2001 年 7 月 27 日

9. 严存生：《法的合法性问题研究》，载《法律科学》2002 年第 3 期

10. 刘熙瑞：《服务型政府——经济全球化背景下中国政府改革的目标选择》，载《中国行政管理》2002 年第 7 期

11. 王锡锌、章永乐:《专家、大众与知识的运用——行政规则制定过程的一个分析框架》,载《中国社会科学》2003 年第 3 期

12. 郑振宇:《西方公共决策程序比较》,载《国家行政学院学报》2003 年第 3 期

13. 何海兵:《当代中国社会利益分化研究综述》,载《上海行政学院学报》2003 年第 12 期

14. 刘东生、蒋安杰:《行政决策参与任重而道远》,载《法制日报》2003 年 12 月 18 日

15. 丁建军:《网络民意对中国民主政治的影响》,载《广西社会科学》2004 年第 1 期

16. 姜明安:《公众参与与行政法治》,载《中国法学》2004 年第 2 期

17. 朱芒:《论我国目前公众参与的制度空间——以城市规划听证会为对象的粗略分析》,载《中国法学》2004 年第 3 期

18. 吴鸣:《公共政策的经济学分析》,载《经济问题》2004 年第 5 期

19. 胡弘弘:《论公民意识的内涵》,载《江汉大学学报》2005 年第 2 期

20. 肖百冶、赵汝周:《构建科学决策机制提高执政能力》,载《理论与改革》2005 年第 2 期

21. 魏建新:《论我国行政决策听证制度的完善》,载《云南行政学院学报》2005 年第 3 期

22. 何显明:《优化政策过程构建社会和谐的长效机制》,载《中共浙江省党校学报》2005 年第 3 期

23. 袁涛、张丽、金刚:《从"从银川出租车罢运事件"看政府决策》,载《经济视角》2005 年第 3 期

24. 李琼瑶:《网络舆论的现状与引导》,载《湖南行政学院学报》2006 年第 2 期

25. 杨海坤、李兵:《建立健全科学民主行政决策的法律机制》,载《政治与法律》2006 年第 3 期

26. 王锡锌:《公共决策中的大众、专家与政府——以中国价格决策听证制度为个案的研究视角》,载《中外法学》2006 年第 4 期

27. 张康之、程倩:《作为一种新型社会治理模式的服务行政——现实诉求、理论定位及研究取向》,载《学习论坛》2006 年第 5 期

28. 孙培旭、吴麟:《施放决策气球与公共政策制定》,载《新闻传播与研究》2006 年第 6 期

29. 刘平、陈素萍、张华:《建立行政决策失误责任追究的法律制度研究》,载《政府法制研究》2006 年第 8 期

30. 贺卫方:《中国公众参与的网络依赖症》,载《南都周刊》2007 年 7 月 6 日

31. 王锡锌:《我国公共决策专家咨询制度的悖论及其克服——以美国(联邦咨询委员会法)为借鉴》,载《法商研究》2007 年第 2 期

32. 李迎春:《行政法视角下的行政决策》,载《行政法学研究》2007 年第 4 期

33. 刘祖华、周湘智:《网络民意在公共决策中的双面解读》,载《云南行政学院学报》2007 年第 6 期

34. 魏建新:《论我国建立政府公开制度的基础》,载《行政与法》2008 年第 1 期

35. 霍海燕:《公民社会的兴起对政策制定的影响》,载《中国行政管理》2008 年第 2 期

36. 刘平、钱焰青:《德国立法与行政决策中的公众参与》,载《上海法学研究》2008 年第 4 期

37. 王锡锌:《公众参与、专业知识与政府绩效评估的模式——探寻政府绩效评估模式的一个分析框架》,载《法制与社会发展》2008 年第 6 期

38. 冯留建:《从政府治理模式的演变看现代公民意识的培育》,载《云南社会科学》2008 年第 6 期

39. 王锡锌:《行政决策正当性要素的个案解读——以北京市机动车"尾号限行"政策为个案的分析》,载《行政法学研究》2009 年第 1 期

40. 上海市重大行政决策程序研究报告课题组:《上海市重大行政决策程序研究报告》,载《政府法制研究》2009 年第 3 期

41. 蔡定剑:《公众参与及其在中国的发展》,载《团结》2009 年第 4 期

42. 马英娟:《行政决策中公众参与机制的设计》,载《服务型政府和行政法》,浙江工商大学出版社 2009 年版

43. 李燕:《风险社会中现代行政法所面临的规制危机及应对》,载《新远见》2010 年第 1 期

44. 陈小明:《公民参与决策的法治化之必要性与意义》,载《河北法学》2010 年第 2 期

45. 朱建新:《行政决策专家论证制度研究》,载《黑龙江省政法管理干部学报》2010 年第 2 期

46. 史达:《互联网整治生态系统的构成要素及互动机制研究》,载《政治学研究》2010 年第 3 期

47. 金国坤:《行政决策法治化是依法行政至高境界》,载《法制日报》2010 年 4 月 19 日

48. 朱旭峰:《中国社会政策变迁中的专家参与模式研究》,载《社会学研究》2011 年第 2 期

49. 谢立斌:《公众参与的宪法基础》,载《法学论坛》2011 年第 4 期

50. 薛冰、岳成浩:《论行政决策听证代表的遴选——基于商谈理论的视角》,载《中国行政管理》2011 年第 8 期

51. 宋艳慧、周兰领:《重大行政决策合法性审查的主体模式及其选择》,载《领导科学》2011 年第 21 期

52. 王仰文:《重大行政决策合法性审查问题研究》,载《理论月刊》2012 年第 1 期

53. 徐文新:《专家、利益集团与公共参与》,载《法律科学》2012 年第 3 期

54. 王锡锌:《参与式治理与根本政治制度的生活化——"一体多元"与国家微观民主的建设》,载《法学杂志》2012 年第 6 期

55. 田飞龙:《公众参与:由制度原理到制度细节》,载《群众·决策资讯》2013 年第 1 期

56. 张忠:《专家参与行政决策的功能及其实现》,载《理论月刊》2013 年第 2 期

57. 王庆华、张海柱:《决策科学化与公众参与:冲突与调和——知识视角的公共决策观念反思与重构》,载《吉林大学社会科学学报》2013 年第 3 期

58. 湛中乐、高俊杰:《作为"过程"的行政决策及其正当性逻辑》,载《苏州大学学报》2013 年第 5 期

59. 肖北庚:《行政决策法治化的范围与立法技术》,载《河北法学》2013 年第 6 期

60. 李亚、李习彬:《从专家公众参与缺陷看公共决策失灵》,

载《学习时报》2013 年 7 月 29 日

61. 汤景泰:《论新媒体语境下公共决策中的民意沟通》,载《暨南学报》(哲学社会科学版)2013 年第 8 期

62. 杨尚东:《行政决策合法性追问的个案解读——以高速公路节假日免费的行政决策为样本分析》,载《政治与法律》2013 年第 8 期

63. 张垚:《中国智库:面临最好发展机遇》,载《人民日报》2014 年 2 月 16 日

64. 朱德米:《社会稳定风险评估的社会理论图景》,载《南京社会科学》2014 年第 4 期

65. 魏建新:《论利益相关方参与行政决策》,载《河北法学》2014 年第 6 期

66. 魏建新:《民主抑或利益:行政决策中的参与》,载《理论月刊》2014 年第 7 期

67. 魏建新、王照华:《政府强制更换商铺招牌的合法性分析》,载《行政与法》2015 年第 1 期

68. 魏建新:《利益视角下的行政决策听证》,载《广西社会科学》2015 年第 2 期

69. 魏建新、翁玲玲:《论行政决策的合法性审查》,载《南阳师范学院学报》2015 年第 2 期

70. 魏建新:《行政决策参与的法律规范分析——以省级地方规章为对象》,载《理论月刊》2015 年第 5 期

71. 魏建新:《理性的权力与权力的理性:专家参与行政决策研究》,载《中共福建省委党校学报》2015 年第 5 期

72. Steven Kelman, *Making Public Policy: a Hopeful View of American Government*, Basic Books, 1987.

73. Richard Cobden, *Speeches on Questions of Public Policy*, Routledge/Thoemmes Press, 1995.

74. R. A. Buckley, *Illegality and Public Policy*, Sweet & Maxwell,2009.

75. Judith E. Innes,David E. Booher,*Planning with Complexity*: *an Introduction to Collaborative Rationality for Public Policy*,Taylor & Francis,2010.

76. Kevin B. Smith,Christopher W. Larimer,*The Public Policy Theory Primer*,Westview Press,2009.

后　记

本书是在2016年博士后出站研究工作报告基础上修改完成的。

实际上,我对行政决策问题的关注开始于博士后进站之前,早在2003年我就主持承担了天津市高等学校人文社会科学研究项目——“行政决策的法律问题研究”。2011年年底我主持承担了天津市哲学社会科学规划研究项目——“行政决策权制约的法律机制研究”。2012年年初我主持承担了教育部人文社会科学研究规划青年基金项目——“利益相关方参与行政决策的法律机制研究”,进入政治学博士后流动站也是对该项目研究的继续,并且博士后在站期间获得了中国博士后科学基金第55批资助项目——“利益视角的行政决策参与”。这些项目让博士后研究有了一定的前期积累和资金支持。

承蒙天津师范大学吴春华教授的抬爱,让我跟随他开始了博士后的研究工作。吴老师不仅在学术研究上给予我点拨和悉心指导,而且在教育教学上也时常帮助和鼓励我。由于我一直受的是法学专业的学术训练,而政治学特别是行政学缺乏系统的理论学习,因此需要阅读大量的政治学文献资料来弥补知识缺陷。我坚持上了一学期吴老师为政治学博士生开设的一门政治学专业课程,这为我打开了一个新的学术视野,让我受益终身。感谢吴老师的耐心和宽容,感谢吴老师的督促和提醒,使我的博士后研究能画上一个句号。

借此机会,我要表达对徐大同教授、高建教授和马德普教授的衷心谢意,自 2002 年 7 月进入天津师范大学政法学院开始,就一直让我由衷地体会到长辈对晚辈的关照——从工作到生活,从研究到学习,你们所寄寓的期望和鼓励。非常感谢天津师范大学政治学学科各位导师的学术帮助,感谢高建教授、马德普教授、常士誾教授、佟德志教授开题时所给予的中肯批评意见,这些意见让我始终不敢懈怠。

感谢天津师范大学法学院时任院长梁津明教授,为我的博士后研究提供了各种便利条件和研究支持,使我在繁重的教学工作中还有精力和时间完成博士后出站报告。

在博士后研究期间中我还承担了宪法学与行政法学专业的硕士研究生指导任务,教学相长,研究生翁玲玲、王照华、万心遥、黎亚云、张杰等同学为我完成研究报告收集资料和提出了许多有见地的建议,一并表示谢意。

学无止境,本书既是对我先前研究成果的一个总结,也是我学术生涯的一个新的起点,在以后的学术道路上我将继续关注和思考行政决策问题。

附录一

重大行政决策程序暂行条例
（征求意见稿）

第一章　总　　则

第一条　〔立法目的〕为了健全科学民主依法决策机制，规范重大行政决策行为，提高决策质量，保证决策效率，制定本条例。

第二条　〔主体适用范围〕县级以上地方人民政府（以下称决策机关）作出重大行政决策的程序，适用本条例。

县级以上人民政府部门、法律法规授权的具有管理公共事务职能的组织和乡级人民政府作出重大行政决策的程序，参照本条例的规定执行。

第三条　〔事项适用范围〕本条例所称重大行政决策包括以下事项：

（一）编制经济和社会发展等方面的重要

规划；

（二）制定有关公共服务、市场监管、社会管理、环境保护等方面的重大公共政策和措施；

（三）制定开发利用、保护重要自然资源的重大公共政策和措施；

（四）决定在本行政区域实施的重大公共建设项目；

（五）决定对经济社会发展有重大影响、涉及重大公共利益或者社会公众切身利益的其他重大事项。

决策机关应当根据本条第一款规定，结合职责权限和本地实际，制定重大行政决策事项（以下称决策事项）的年度目录，并向社会公布。纳入目录的决策事项应当依照本条例规定作出决策。

法律、行政法规对本条第一款规定事项的决策程序另有规定的，依照其规定。

发生或者即将发生自然灾害、事故灾难、公共卫生事件或者社会安全事件等突发事件，行政机关采取应急措施的决策程序，适用有关法律、行政法规的规定。

第四条　〔科学决策原则〕作出重大行政决策应当遵循科学决策原则，树立创新、协调、绿色、开放、共享的发展理念，坚持从实际出发，运用科学方法，尊重客观规律，适应经济社会发展和全面深化改革要求。

第五条　〔民主决策原则〕作出重大行政决策应当遵循民主决策原则，坚持民主集中制，贯彻落实群众路线，充分听取社会各方面意见，保障人民群众通过多种途径参与决策。

第六条　〔依法决策原则〕作出重大行政决策应当遵循依法决策原则，坚持严格遵守法定权限，依法履行公众参与、专家论证、风险评估、合法性审查、集体讨论决定等程序，保证决策符合宪法和法律法规规定。

第七条　〔决策公开〕重大行政决策情况应当按照规定公开，接受社会监督，依法应当保密的除外。

第八条　〔人大监督〕重大行政决策情况依法接受本级人民代表大会及其常务委员会的监督。

第九条　〔考核评价〕科学、民主、依法决策情况应当作为政府领导班子和领导干部考核评价的重要内容。

第二章　决 策 动 议

第十条　〔决策启动程序〕对各方面提出的决策事项建议，依照下列规定进行研究论证后，报请决策机关决定是否启动决策程序：

(一)决策机关领导人员提出决策事项建议的，交有关部门、机构研究论证；

(二)决策机关所属部门或者下一级人民政府提出决策事项建议，应当论证所要解决的主要问题、建议理由、法律法规政策依据、解决问题的初步方案及其必要性、可行性等；

(三)人大代表、政协委员等通过建议、提案等方式提出的决策事项建议，以及公民、法人、其他组织提出的书面决策事项建议，交有关单位研究论证。

第十一条　〔承办单位确定〕决定启动决策程序的，决策机关应当明确决策承办单位，负责决策事项的方案起草等工作。决策事项涉及两个以上单位职责的，应当明确牵头承办单位。

第十二条　〔决策草案拟订〕拟订决策草案，决策承办单位应当广泛深入开展调查研究，全面准确掌握有关信息，根据需要听取有关人大代表、政协委员、人民团体、基层组织、社会组织等方面的意见。

决策承办单位应当全面梳理与决策事项有关的法律法规规章和政策,研究论证决策草案涉及的合法性问题以及与现有相关政策之间的协调、衔接问题。

决策承办单位根据需要对决策事项进行成本效益分析,对人力物力财力投入、资源消耗、环境损害、维护稳定等成本和经济、社会、环境等效益进行分析预测。

各方面意见分歧较大的,决策承办单位应当拟订两个以上备选方案。

第十三条 〔征求有关单位意见〕决策事项涉及本级人民政府有关部门、下一级人民政府等单位的职责,或者与其关系紧密的,决策承办单位应当与其充分协商;不能取得一致意见的,应当向决策机关说明争议的主要问题、有关单位的意见、决策承办单位的意见和理由、依据。

第三章 公众参与

第十四条 〔公众参与条件和方式〕除依法应当保密的外,涉及社会公众切身利益或者对其权利义务有重大影响的决策事项,决策承办单位应当采取便于社会公众参与的方式广泛听取意见。

听取意见可以采取向社会公开征求意见、举行听证会、召开座谈会、书面征求意见、问卷调查、民意调查、实地走访等多种方式。

第十五条 〔信息发布和交流互动〕对社会关注度高的决策事项,决策承办单位应当及时、准确发布有关信息,并可以通过新闻发布会、媒体访谈、专家解读等方式进行解释说明。

县级以上地方各级人民政府应当加强公众参与平台建设,集中发布信息、征求意见、反馈情况,充分利用政府网站、社交媒体、移动互联网等信息网络拓展公众参与渠道,增强与社会公众的交流和互动。

第十六条　〔向社会公开征求意见〕决策事项向社会公开征求意见的,决策承办单位应当通过政府网站、新闻发布会以及报刊、广播、电视等便于社会公众知晓的方式,公布决策草案及其说明等材料,明确提出意见的方式和期限。

公开征求意见期限一般不得少于30日。因情况紧急等需要缩短期限的,公开征求意见时应当予以说明。

第十七条　〔听证会准备程序〕除法律、法规、规章规定应当听证的外,对存在重大意见分歧或者拟对社会公众权利义务作出重大调整的决策事项,可以召开听证会,听取各方面意见。决策承办单位或者决策机关指定的有关单位应当提前公布听证事项、时间、地点等信息和决策草案及其说明等材料,便于社会公众了解有关情况。

需要遴选听证参加人的,决策承办单位或者决策机关指定的有关单位应当公平公开组织遴选,保证各方利害关系人都有代表参加听证会,利害关系人代表不少于听证参加人总数的二分之一。听证参加人名单应当提前向社会公布。

第十八条　〔听证会程序〕听证会应当依照以下程序公开举行:

(一)决策承办单位介绍决策草案、依据、理由和有关情况;

(二)听证参加人陈述意见,进行询问、质证和辩论。必要时,可以由决策承办单位或者有关专家解释说明;

(三)听证组织单位制作笔录,如实记录听证参加人的意见,并经听证参加人签字确认。

第十九条　〔听取意见的后续处理〕决策承办单位应当对社

会各方面提出的意见进行归纳整理、认真研究,对合理意见应当采纳。社会各方面意见有重大分歧的,决策承办单位应当进一步研究论证,完善决策草案。

对社会各方面提出的主要意见及其研究处理情况、理由,应当及时公开反馈。

第四章　专家论证

第二十条　〔论证内容和工作要求〕专业性、技术性较强的决策事项,需要进行专家论证的,决策承办单位应当组织专家、专业机构论证必要性、可行性、科学性等。

专家、专业机构应当独立开展论证工作,客观、公正、科学地提出论证意见,并对所知悉的国家秘密、商业秘密依法承担保密义务;提供书面论证意见的,应当署名、盖章。

对论证意见的研究处理情况和理由,应当向提出论证意见的专家、专业机构反馈。

第二十一条　〔论证方式和工作机制〕决策承办单位组织专家论证,可以采取论证会、书面咨询、委托咨询论证等方式。

选择专家、专业机构应当注重专业性、代表性。对论证问题存在重大分歧的,持不同意见的各方都应当有代表参与论证。不得选择与决策事项有直接利害关系的专家、专业机构。

决策承办单位应当公开专家、专业机构有关信息。

第二十二条　〔专家库制度〕省、自治区、直辖市人民政府应当建立决策咨询论证专家库,规范专家库运行管理、诚信考核和退出机制。

有条件的设区的市级人民政府和县级人民政府根据需要建立决策咨询论证专家库。

决策机关没有建立专家库的,可以使用上级行政机关的专家库。

第五章　风险评估

第二十三条　〔风险评估内容〕重大行政决策的实施可能对生态环境、社会稳定等方面造成不利影响的,决策承办单位或者决策机关指定的有关单位应当组织对决策草案的可靠性和风险可控性进行评估。

依照有关法律法规等已对有关风险进行评价、评估的,不作重复评估。

第二十四条　〔风险评估工作机制〕进行风险评估,可以通过舆情跟踪、抽样调查、重点走访、会商分析等方式,全面查找风险源、风险点,运用定性分析与定量分析等方法,对决策风险进行科学预测、综合研判。进行风险评估,应当听取有关部门的意见,形成风险评估报告,确定风险等级,提出风险防范措施和处置预案。

决策承办单位或者决策机关指定的有关单位根据需要可以引入社会组织、专业机构等开展第三方评估。

第二十五条　〔风险评估结果运用〕风险评估结果应当作为重大行政决策的重要依据。决策机关认为风险可控的,可以作出决策;认为风险不可控的,不得作出决策,或者应当调整决策草案,在确保风险可控后再行决策。

第六章　合法性审查

第二十六条　〔合法性审查作为必经程序〕决策事项在提交决策机关讨论前,应当由决策机关法制机构进行合法性审查。不得以征求意见等方式替代合法性审查。

决策事项未经合法性审查,或者经审查不合法的,不得提交决策机关讨论。

决策机关法制机构进行合法性审查,应当充分发挥政府法律顾问、公职律师的作用。

第二十七条 〔合法性审查材料及时间要求〕送请合法性审查,应当提供决策草案及相关材料,包括有关法律法规规章依据及研究论证意见、履行决策法定程序的情况等。提供材料不符合要求的,法制机构可以要求补充或者退回。

送请合法性审查,应当保证必要的审查时间,一般不得少于10日。

第二十八条 〔合法性审查内容〕合法性审查内容包括:

(一)决策事项是否符合决策机关的法定权限;

(二)决策程序是否符合法定程序;

(三)决策内容是否符合有关法律法规规章。

第二十九条 〔提出合法性审查意见及其后续处理〕决策机关法制机构依据本条例第二十八条规定进行合法性审查,出具审查意见。决策承办单位应当根据合法性审查意见作出适当调整和补充。

第七章 集体讨论决定

第三十条 〔提交讨论需要报送的材料〕提交决策机关讨论决策事项,应当报送下列材料:

(一)决策草案及相关材料;

(二)进行公众参与的,同时报送社会公众提出的主要意见、意见处理情况和理由的说明;

(三)进行专家论证的,同时报送专家论证意见、意见处理情

况和理由的说明;

(四)进行风险评估的,同时报送风险评估有关材料;

(五)合法性审查意见;

(六)需要报送的其他材料。

第三十一条　〔集体讨论决定〕决策事项应当经决策机关常务会议或者全体会议讨论,由行政首长在集体讨论基础上作出决定。

讨论决策事项,应当保证会议组成人员充分发表意见,行政首长最后发表意见。行政首长拟作出的决定与出席的会议组成人员多数人的意见不一致的,应当在会上说明理由。

会议组成人员的意见、会议讨论情况和决定应当如实记录,对不同意见应当予以载明。

第三十二条　〔决策公布〕决策机关应当通过政府公报、政府网站、新闻发布会以及报刊、广播、电视等便于社会公众知晓的方式及时公布决策结果及依据,依法应当保密的除外。

第三十三条　〔决策归档制度〕决策机关应当建立决策档案制度,由有关单位将履行决策程序形成的有关材料及时完整归档。

第八章　决策执行

第三十四条　〔决策执行单位职责〕决策机关应当明确决策执行单位。决策执行单位应当全面、及时、正确执行决策,并向决策机关报告执行情况。决策机关对决策执行情况进行督促检查。

依法作出的重大行政决策,未经法定程序不得随意变更、中止或者停止执行。

第三十五条　〔决策执行中的问题反馈〕决策执行单位发现决策存在问题,客观情况发生重大变化,或者决策执行中发生不可抗力等严重影响决策目标实现的,应当及时向决策机关报告。

决策机关或者决策执行单位应当按照规定公开重大行政决策执行的有关情况。公民、法人和其他组织认为重大行政决策及其实施存在问题的,可以通过信件、电话、电子邮件等方式向决策机关或者决策执行单位提出意见建议。

第三十六条 〔决策后评估〕重大行政决策实施明显未达到预期效果,或者公民、法人和其他组织对决策实施提出较多意见的,决策机关可以组织决策后评估,并确定承担评估具体工作的单位。

承担评估具体工作的单位应当充分听取社会公众特别是利害关系人的意见;吸收人大代表、政协委员、人民团体、基层组织、社会组织参与评估,并可以委托社会组织、专业机构等开展第三方评估。

决策作出前承担主要论证评估工作的专家、专业机构和社会组织等,一般不得参加决策后评估。

决策后评估结果应当作为调整重大行政决策的重要依据。

第三十七条 〔决策调整程序〕决策机关对在本行政区域实施的重大公共建设项目等决策拟作重大调整的,应当重新履行相关程序。情况紧急的,行政首长可以决定中止执行决策。

第九章 法律责任

第三十八条 〔决策机关的法律责任〕决策机关违反本条例的,由上一级行政机关责令改正。

决策机关违反本条例规定,造成决策严重失误或者依法应当作出决策而久拖不决,造成重大损失、恶劣影响的,对行政首长、负有责任的其他领导人员和直接责任人员,依法依规给予处分。

第三十九条　〔决策承办单位等单位的法律责任〕决策承办单位或者承担决策有关工作的单位违反本条例的,由决策机关责令改正,对负有责任的领导人员和直接责任人员依法依规给予处分。

第四十条　〔决策执行单位的法律责任〕决策执行单位拒不执行、推诿执行、拖延执行重大行政决策,执行偏离决策方案,或者有其他违反本条例的行为,导致决策不能全面、及时、正确实施的,由决策机关责令改正,对负有责任的领导人员和直接责任人员依法依规给予处分。

第四十一条　〔刑事责任〕本条例第三十八条、第三十九条、第四十条规定的有关单位工作人员玩忽职守、滥用职权、徇私舞弊,构成犯罪的,依法追究刑事责任。

第四十二条　〔参与决策的有关主体的法律责任〕参与决策过程的专家、专业机构、社会组织等违反职业道德和本条例规定的,予以通报;造成严重后果的,依法承担法律责任。

第十章　附　　则

第四十三条　〔制定配套制度〕省、自治区、直辖市人民政府和国务院部门根据本条例的规定,制定具体规定。

第四十四条　〔施行日期〕本条例自　年　月　日起施行。

(稿件来源:国务院法制办)

附录二

关于《重大行政决策程序暂行条例（征求意见稿）》的说明

为了深入贯彻党的十八大和十八届二中、三中、四中、五中、六中全会精神，推进行政决策科学化、民主化、法治化，国务院法制办公室在广泛调查研究、认真总结实践经验的基础上，起草了《重大行政决策程序暂行条例（征求意见稿）》（以下简称征求意见稿）。现就几个主要问题说明如下：

一、关于制定《重大行政决策程序暂行条例》的必要性

决策是行政权力运行的起点。规范决策行为特别是重大行政决策行为，是规范行政权力的重点，也是法治政府建设的重点。目前，我国已有17个省级政府和23个较大的市政府出台了规范重大行政决策程序的规章。近年来，各级行政机关科学民主依法决策机制不断完善,各级领导干部决策能力水平不断提高。与此同时,实践中也存在一些突出问题:有的决策尊重客观规律不够,听取群众意见不充分,乱决策、违法决策、专断决策、拍脑袋决策、应决策而久拖不决等问题比较突出,一些关系国计民生的重大项目因群众不理解、不支持而不能出台,或者决策后遇到反对就匆匆下马的情况时有发生,既给国家和人民造成重大损失,也严重影响政府公信力和执行力。为落实健全依法决策机制,推进行政决策科学化、民主化、法治化,提高决策质量,增强社会对重大行政决策的理解和支持,有必要认真总结经验教训,制定一部规范重大行政决策程序的行政法规。

二、起草思路和主要过程

按照党中央、国务院关于规范重大行政决策程序、健全依法决策机制的部署,法制办在起草过程中把握了以下思路:一是将科学民主依法原则贯穿于决策全过程。坚持科学民主依法决策是决策机制和程序的内核,征求意见稿将其贯穿于决策动议、研拟方案、合法性审查、审议决定、决策执行与调整等决策全过程,通过规范决策过程来提高决策质量和群众认可度,保障依法作出的决策得到有效执行。二是立足实际,健全决策法定程序。针对实践突出问题和依法行政实际,稳妥把握现阶段程序繁简、标准严宽、制度刚柔的平衡点,合理确定公众参与、专家论证、风险评估的适用条件,要求所有重大行政决策都要进行合法性审查和集体讨论决定,明确决策机关应当坚守的制度底线。三是保持制度设计的适度弹性。对需要"因地制宜"的事项,允许决策机关探索、细化;对需要"因事制宜"的程序环节,为相关法律、行政法规另行制定具体要求留够空间。

自条例起草工作启动以来，法制办围绕重大行政决策事项范围、法定程序等重点难点问题，运用多种方式开展立法调研，多次召开立法座谈会，赴东中西部共12个省、直辖市开展专题调研，深入了解省市县各级政府决策工作实际，坚持问题导向，注重管用可行，充分吸收地方成熟经验做法，先后2次送中央和国务院有关部门、各省（自治区、直辖市）及有关市县政府等100多家单位书面征求意见。在此基础上，形成了《重大行政决策程序暂行条例（征求意见稿）》。

三、征求意见稿的主要内容

征求意见稿分为10章，共44条。除总则、决策动议、决策执行、法律责任和附则外，将公众参与、专家论证、风险评估、合法性审查和集体讨论决定分别作为专章予以规定。

（一）关于决策事项范围。考虑到各地区发展不平衡，省市县各级政府决策的影响面和侧重点各有不同，征求意见稿按照突出针对性、具备可行性、保留灵活性、提高透明度的原则，在采取“列举＋兜底”方式规定重大行政决策事项范围的基础上，要求各级地方政府结合职责权限和本地实际，制定重大行政决策事项年度目录，并向社会公布。（第三条）

（二）关于决策动议。为了遏制草率启动决策，减少折腾浪费，征求意见稿规定，对各方面提出的决策建议都要进行充分研究论证，由决策机关决定是否启动决策程序。（第十条）

（三）关于公众参与。为突出公众参与重点，征求意见稿规定，除依法应当保密的外，涉及社会公众切身利益或者对其权利义务有重大影响的决策事项应当广泛听取意见（第十四条第一款）。为提高公众参与实效，征求意见稿明确了向社会公开征求意见和举行听证会等的基本要求(第十六、十七、十八条);注重决策过程中的信息发布和互动交流,规范听取意见的后续处理和公开反馈(第十五、十九条)。

(四)关于专家论证。征求意见稿规定,专业性、技术性较强的决策事项,需要进行专家论证的,应当组织论证其必要性、可行性、科学性等(第二十条第一款)。为提高专家论证质量,征求意见稿规定:一是对论证意见的研究处理情况和理由应当反馈(第二十条第三款);二是选择专家、专业机构应当注重专业性、代表性,不得选择有直接利害关系的专家、专业机构,应当公开专家、专业机构有关信息(第二十一条);三是省、自治区、直辖市人民政府应当建立专家库(第二十二条)。

(五)关于风险评估。征求意见稿规定,重大行政决策的实施可能对生态环境、社会稳定等方面造成不利影响的,应当开展风险评估(第二十三条第一款)。为有效防范决策风险,征求意见稿要求把风险评估结果作为决策重要依据,经评估认为风险不可控的,不得决策,或者调整决策草案、确保风险可控后再行决策(第二十五条)。

(六)关于合法性审查。征求意见稿明确合法性审查为决策必经程序,规定未经合法性审查,或者经审查不合法的,不得提交决策机关讨论(第二十六条第一、二款)。为保证合法性审查质量,规定应当充分发挥政府法律顾问、公职律师的作用(第二十六条第三款),并提供必要的材料和时间保障(第二十七条)。

(七)关于集体讨论决定。征求意见稿明确集体讨论决定为决策必经程序,并坚持行政首长负责制,规定:决策事项应当经决策机关常务会议或者全体会议讨论,由行政首长在集体讨论基础上作出决定(第三十一条第一款)。为防止一把手搞“一言堂”,征求意见稿规定:行政首长最后发表意见;行政首长拟作出的决定与出席的会议组成人员多数人的意见不一致的,应当在会上说明理由;会议讨论情况和决定应当如实记录(第三十一条第二、三款)。

(八)关于决策执行与后评估。为保证决策执行效果、健全决策后评估和纠错机制,一是规定了决策执行中的问题反馈机制和决策后评估制度(第三十五、三十六条)。二是严格规范决策调整,明确依法作出的重大行政决策,未经法定程序不得随意变更、中止或者停止执行;重大公共建设项目等决策拟作重大调整的,应当重新履行相关程序(第三十四条第二款、第三十七条)。

(九)关于法律责任。为落实决策程序制度的刚性约束,征求意见稿对决策机关、决策承办单位和承担决策有关工作的单位、决策执行单位、参与决策的专家专业机构等参与决策的各类主体,分别规定了相应的法律责任。(第九章)

(稿件来源:国务院法制办)

图书在版编目(CIP)数据

行政决策参与问题研究 / 魏建新著. -- 北京 : 法律出版社, 2018
ISBN 978 - 7 - 5197 - 2513 - 6

Ⅰ. ①行… Ⅱ. ①魏… Ⅲ. ①行政管理 - 管理决策 - 研究 - 中国 Ⅳ. ①D63

中国版本图书馆 CIP 数据核字(2018)第 170017 号

行政决策参与问题研究
XINGZHENG JUECE CANYU WENTI YANJIU
魏建新 著
责任编辑 韩满春
装帧设计 鲁 娟

出版 法律出版社
总发行 中国法律图书有限公司
经销 新华书店
印刷 三河市龙大印装有限公司
责任校对 马 丽
责任印制 陶 松
编辑统筹 学术 · 对外出版分社
开本 A5
印张 7.25
字数 164千
版本 2018 年 8 月第 1 版
印次 2018 年 8 月第 1 次印刷

法律出版社/北京市丰台区莲花池西里 7 号(100073)
网址/www. lawpress. com. cn
投稿邮箱/info@ lawpress. com. cn
举报维权邮箱/jbwq@ lawpress. com. cn
销售热线/010 - 63939792
咨询电话/010 - 63939796

中国法律图书有限公司/北京市丰台区莲花池西里 7 号(100073)
全国各地中法图分、子公司销售电话:
统一销售客服/400 - 660 - 6393
第一法律书店/010 - 63939781/9782　西安分公司/029 - 85330678　重庆分公司/023 - 67453036
上海分公司/021 - 62071639/1636　深圳分公司/0755 - 83072995

书号:ISBN 978 - 7 - 5197 - 2513 - 6　**定价**:45.00 元